똑똑한 금융 생활

똑똑한 금융생활

펴낸날 2025년 3월 11일

지은이 박덕배
펴낸이 주계수 | **편집책임** 이슬기 | **꾸민이** 이슬기

펴낸곳 밥북 | **출판등록** 제 2014-000085 호
주소 서울시 마포구 양화로 156 LG팰리스빌딩 917호
전화 02-6925-0370 | **팩스** 02-6925-0380
홈페이지 www.bobbook.co.kr | **이메일** bobbook@hanmail.net

© 박덕배, 2025.
ISBN 979-11-7223-067-8 (03320)

건전한 투자와
건강한 재무 설계
지침서

똑똑한 금융생활

박덕배

금융 지식이 미래의 창(窓)이다

불과 얼마 전까지만 해도 우리나라 한 사람 한 사람의 금융 생활은 일생 그야말로 평탄했다. 개인들은 성인이 되어 취업하기 전까지 부모님의 도움으로 적당한 교육을 받으면서 성장기를 보냈다. 그러다가 남자의 경우 대개 군 복무를 마치고 25~30세 정도에 사회로 진출한 이후 결혼하고, 여자는 결혼 이후 일부는 직업을 가지기도 했지만 전업주부로 머무르는 경우가 많았다. 당시 우리나라는 고도 성장기여서 취업 또한 그리 어렵지 않았다. 그러면서 자신들의 2세를 양육하고, 부모님으로부터 도움을 받거나 자신의 저축을 통하여 주택을 마련했다. 그 당시는 저축하는 데도 큰 어려움이 없었다.

높은 경제성장률을 보였던 당시에는 은행에 가만히 맡겨놓기만 해도 10% 이상의 높은 수익률이 가능했다. 또한 주택이나 토지 등 부동산 투자도 때에 따라 시간이 걸리기는 하지만 결국은 큰돈이 되어 돌아왔다. 당시 우리의 사회구조나 문화 풍토 아래에서는 큰 잘못이 없다면 대개 자신들이 다니던 직장에서 정년을 보장받았다. 평균적으로 55~60세에 은퇴했었고, 이후의 생활도 그리 문제가 되지 않았다. 당시에는 자식이 노후 생활의 든든한 보험 역할을 하였다. 일부이기는 하지만 그동안 쌓은 저축이나 퇴직금 등으로 자식의 도움을 받지 않고 노후 생활을 보낼 수도 있었다. 그뿐만 아니라 평균수명도 그리 길지 않아 약 15년 가까운 노후 생활을 하다가 자신이 못다 사용한 자산은 자식들에게 유산으로 남기면서 일생을 마감하였다.

하지만 평생 비교적 순탄하기만 하였던 개인 금융 생활은 외환위기 이후 환경이 급변하면서 무너지고 있다. 이와 관련한 환경 변화는 크게 네 가지로 요약할 수 있다.

|금융 생활의 환경 변화

빠른 고령화

우리나라는 현재 세계 최저 수준의 출산율과 의학 발달에 따른 수명 연장 등으로 세계에서 가장 빠른 속도로 인구 고령화가 진행되고 있다. 구체적으로 다른 선진국에 비해 늦은 2000년에 '고령화사회(총인구에서 65세 이상의 인구가 차지하는 비율이 7% 이상인 사회)'로 진입하였고, 2019년 '고령사회(총인구에서 65세 이상의 인구가 차지하는 비율이 14% 이상인 사회)'로 진입한 이후 불과 5년 후인 2024년에 '초고령 사회(총인구에서 65세 이상의 인구가 차지하는 비율이 20% 이상인 사회)'로 진입하였다.

이러한 초고속 고령화 현상은 저출산과 평균수명의 연장 때문이다. 높은 교육비용, 평균 결혼연령 상승, 여성의 사회활동에 따른 출산 지연 등으로 출산율이 급격히 떨어지고 있다. 우리나라 합계출산율은 1970년 4.53명에서 2000년 1.47명, 2023년 0.72명으로 현재 전 세계에서 홍콩 다음으로 가장 낮다. 그리고 국내 평균수명도 의학의 빠른 발달과 참살이(웰빙, well-being) 추세의 영향으로 빠르게 늘어가고 있다. 기대수명(출생 당시 생존할 평균수명)은 1971년의 62.3세에서 2023년 83.5세(남: 80.6세, 여: 86.4세)로 빠르게 증가하였다. 사고나 질병으로 조기 사망하지 않는다면 실제 많은 사람이 백세시대를 살 수 있다는 말이다.

사회구조 변화

핵가족화의 진전, 개인주의 확산, 기혼 여성의 경제 활동 증가 등으로 전통적인 가족 부양 체제가 무너지고 있다. 특히 자식 교육에 많은 것을 걸었던 부모 세대들의 후세는 부양의 의무에서 자유롭기를 원하고 있다. 그 결과 과거에는 생각도 못 했던 현상이 점차 현실로 나타나고 있다. 예컨대 전통적 유교 국가인 우리나라의 이혼율이 세계에서 가장 높은 수준으로 나타나면서 부부, 부부와 미혼자녀, 편부 혹은 편모와 미혼자녀로 이루어진 핵가족의 구성비가 빠르게 상승하고 있다. 그리고 지난 1997년 외환위기 이후 인력 효율화 차원의 구조조정에 따라 비자발적인 조기퇴직도 일반화되고 있다. 이는 물론 공적·사적 연금제도가 잘 발달하여 근로자 스스로가 조기 퇴직하는 선진국과는 다른 차원이다. 정년퇴직이나 경제적인 여유를 확보한 은퇴자 등을 제외하고는 자신의 의지와 상관없는 퇴직이 대부분이다.

'영끌' 세대의 신용불량 위험

최근의 통계청 가계금융복지조사에서 경제주체를 연령별로 구분하여 보면 젊은 세대들은 상대적으로 재무 상황이 가장 취약하다. 이들의 총자산 또는 저축액 대비 부채비율은 다른 연령층에 비해 월등히 높고, 그 증가 속도도 매우 빠르다. 취업의 어려움과 저임금 등의 문제로 소득이 늘지 않아 자산 증가가 어렵다. 여기에 전세금 상승에 따른 임대보증금과 재테크 투자를 위한 부채가 큰 폭 늘어나 순자산 증가가 거의 이루어지지 않고 있다. 자칫 영혼까지 끌어모은 대출로 재테크에 투자했다는 '영끌' 청년층 신용불량 문제가 다시 불거질 수도 있다. 우리는 2003년 카드 사태로 주로 청년층인 신용불량자 수가 경제활동인구의 1/6을 넘는 400만 명 이상을 기록한 뼈아픈 경험이 있다.

자산관리 및 운영의 어려움

외환위기 이후 경제구조 자체가 성숙하면서 저금리 기조가 정착되고 있다. 2022년 초 발발한 러시아–우크라이나 전쟁 이후 급등한 물가 상승 때문에 금리도 올랐지만, 장기적으로 저금리 기조는 변함없이 유지될 것으로 예상된다. 게다가 주식시장이 급등락을 거듭하고 있는 가운데 주로 외국인과 기관들이 수익을 내고 대부분의 개인은 여전히 투자에서 성공을 거두지 못하고 있다. 부동산 가격도 코로나19 기간 급등하였지만, 이제는 급락할 수도 있는 위험한 자산이 되었다. 불확실성의 시대에 자산 형성과 운용이 매우 중요해지고 있음에도 불구하고 적절한 금융에 관한 지식이 부족하여 대부분의 개인은 금리 이외의 다양한 투자 대상에 접근하기 어렵고, 자신의 자산을 건전하게 관리·운용하지 못하고 있다. 많은 사람이 투자에 관심은 많지만, 투자에 대한 확실한 목표와 장기 계획이 없고, 투자의 기본 또는 투자에 대한 철학마저 없어 실패하는 경우가 속출하고 있다.

|금융 지식을 통한 창(窓)

경제 환경 변화로 개인의 금융 생활도 과거와는 많이 달라지고 있다. 과거에 비해 사회진입이 지연되고, 조기퇴직이 일반화되면서 소득 발생 기간이 줄어들고 있지만, 수명 연장 탓에 노후 생활은 길어지고 있다. 또한 노후를 위한 저축과 연금이 충분하지 않아 더 이상 평탄한 금융 생활을 유지하기가 쉽지 않다. 또한 자식이 은퇴와 정년을 앞둔 사람들의 노후를 보살피는 것도 아니다. 그렇다고 국가가 인생을 책임지는 것도 아니다.

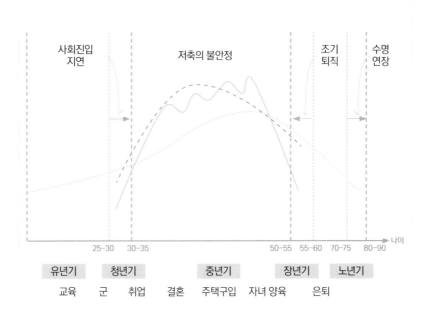

개인의 금융 생활의 변화

이에 대한 개인들의 적응 능력은 매우 미흡한 실정이다. 이대로 가다가는 개인의 생활이 불안해지고, 나아가 국가 경제의 안정적인 성장이 저해될 것은 분명하다. 개인의 관점에서 경제적 어려움에 빠지지 않고, 행복한 생활을 영위하는 것은 매우 중요하다. 이를 위해서 적절한 생활 금융교육이 어느 때보다도 절실하지만 그동안 학교나 가정에서의 금융교육은 상당히 미흡하였다. 최근 청소년을 대상으로 금융교육을 강조하고 있긴 하지만 아직 초보적이고 그 내용 또한 충분하지 못하다.

특히 그동안 입시 위주의 교육에 젖어 있는 국내 학생들의 금융 이해력(financial literacy)은 거의 낙제 수준이다. 그뿐만 아니라 현재 경제 활동 현장에 있는 사회인들도 신문의 경제면을 제대로 이해하지 못한 채 살아가고 있다.

최근 한 민간 경제연구소에서 경제적 행복지수를 발표하였다. 이에 따르면 소득, 자산, 학력은 모두 경제적 행복과 정비례 관계에 있는 것으로 나타났다. 이는 학력과 직업, 소득이 각각 양의 상관관계를 보이는 지식기반 사회에서 높은 학력은 좋은 직업과 높은 소득, 그만큼 높은 안정성과 발전성을 의미하기 때문으로 풀이된다. 이와 반대로 경제적 어려움에 부닥치면 그만큼 불행해진다는 것을 의미한다. 절대적 액수의 많고 적음을 떠나 경제적으로 여유로운 생활은 매우 중요해지고 있다. 물론 본인의 의지와는 관계없이 경제적 어려움에 빠질 수도 있지만, 대부분 사람은 금융적 무지(無智)에 의해 순간적으로 경제적 어려움에 빠지는 경우가 많다. 따라서 경제적 어려움에 대처하고 자신의 행복지수를 높이기 위해 생활에 필요한 금융 지식의 습득은 필수적이다.

물론 자신이 습득한 금융 지식대로 세상사가 되지는 않지만 그렇게 준비하는 것이 그나마 자신에게 닥쳐올 위험을 줄일 수 있는 일이다. 금융 지식을 쌓는다는 건 미래를 내다볼 수 있는 창을 하나 갖게 되는 것이다. 금융 지식의 습득은 스스로 해야 한다. 아무도 내가 가는 길을 대신 가주지 않기 때문이다. 이제 금융환경 변화에 적응하기 위해 팔을 걷고 바지춤을 걷어 올려 금융 지식을 습득해야 하는 시대가 바로 목전에 와 있다.

이 책은 코로나19 팬데믹 이후 금융환경 변화에 우왕좌왕하는 사람들에게 작은 도움이라도 되고자 지난 금융위기 이후 나온 저자의 책 '금융생활'을 13년 만에 대폭 수정하고 업데이트하였다. 이 책을 통해 독자들에게 좀 더 안전하고 풍요로운 삶을 선물하고 싶다. 오랜 시절 같이 이해 준 주위 분들에게 감사한다.

2025년 3월 공덕연구실에서
박덕배

차 례

I 금융 생활의 기초, 금리와 환율

II 지급결제와 디지털 금융

III 금융시장과 주식·채권

Ⅵ 계획적인 인생 설계

I

금융 생활의 기초, 금리와 환율

1장
금리, 금융 생활의 잣대

　고대사회부터 사용된 금리는 자본주의 경제체제가 자리를 잡아가면서 모든 금융 생활에서 가장 기본적인 요소 중 하나로 정착하였다. 인류 역사상 이자에 대한 최초의 금리는 기원전 3세기경 은과 보리를 빌리는 데 대한 이자율이 각기 연 33⅓%와 20%였던 것으로 기록되어 있다. 그리스·로마 시대에는 돈을 빌려주거나 이자를 받는 행위를 도덕적으로 좋지 않게 생각하였으며, 특히 중세 시대에는 이자를 주고받는 것 자체를 죄악시하여 교회법으로 금지하였다. 그 후 종교개혁과 함께 이자 금지제도가 완화되고, 점차 자본주의 경제체제가 확립되면서 금리는 금융 생활에 가장 기본적인 요소로 정착되었다. 우리나라에서도 옛날 농촌에서는 봄에 씨앗을 빌려주었다가 가을에 이자를 붙여 되돌려 받는 경우가 많았는데 이도 일종의 금리 개념으로 볼 수 있다.

|다양한 금리 개념

우리는 일상 금융 생활에서 금리의 개념을 너무나 당연하게 사용하면서도 이에 대해 깊이 생각해 본 적은 의외로 많지 않다. 금리란 자금의 수요자가 공급자에게 자금을 빌린 대가로 지급하는 가격을 의미한다. 또한 금리는 현재 소비를 희생한 기회비용의 개념으로서도 파악될 수 있다. 만일 지금 당장 필요로 하지 않은 돈을 소지하고 있다면 금리만큼의 이익을 희생하고 있기 때문이다. 일반적으로 금리와 이자율은 같은 개념으로 볼 수 있지만 금리는 주로 금융기관에서 사용하고, 이자율은 일반적인 금융거래에서 폭넓게 사용되고 있다. 현실 세계에서의 금리 개념은 다양하게 구분되어 사용되고 있다.

명목금리와 실질금리

명목금리(nominal interest rate)는 화폐의 가치변동을 고려하지 않은 금리이며, 실질금리(real interest rate)는 명목금리에서 물가상승률을 뺀 금리를 말한다. 이는 유명한 경제학자 어빙 피셔의 이름을 따서 지은 피셔방정식(Fisher equation)에 근거를 두고 있다. 만일 1년 만기 정기예금의 명목금리가 연 6%일 경우 물가상승률이 연 4.5%라고 하면 실질금리는 약 연 1.5%이다. 실질금리는 명목금리보다 비교적 안정적이며, 인플레이션이 심할 경우 음(negative)의 금리도 가능하다는 특성이 있다.

명목금리는 눈에 보이는 금리이며, 실질금리는 실제로 느낄 수 있는 금리이다. 물가가 상승하면 소비자의 구매력이 하락하게 되는데 실질금리는 이런 점도 반영한 금리이다. 일반적으로 실질금리는 명목금리보다 더욱 정확하게 자금의 수급을 반영한다. 대개 금융거래에서의 계산은 명목금리로 하지만 실제로 투자하거나 예금할 때는 실질금리로 따지는 경우가 많다.

예를 들어 어느 해의 명목금리보다 인플레이션이 높아도 은행에 돈을 넣어 이자수익은 발생하겠지만 실제로 돈의 가치가 떨어져 실질 수익은 마이너스이다. 이 시기에는 많은 사람이 은행에 예금하기보다는 물가 상승을 반영하는 실물자산에 투자하면서 자산시장에서는 엄청난 활황이 일어난다. 지난 코로나19 팬데믹 당시 초저금리 정책을 유지하여 실질금리가 낮거나, 마이너스가 되면서 주식이나 부동산 가격이 엄청난 상승세를 보였다. 반대로 실질금리가 높으면 자산시장에 돈을 넣어두기보다는 안전하게 높은 수익을 추구할 수 있는 예금상품으로 돈이 흘러가 자산시장에 악영향을 미치게 된다. 코로나 시기가 끝난 2022년부터 실질금리가 올라가면서 이자 부담이 커져서 부동산 등 실물자산의 가격이 큰 폭으로 하락하였다.

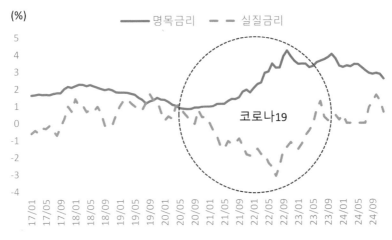

(%)

━━━ 명목금리 ━ ━ 실질금리

코로나19

주) 실질금리=국채 수익률(3년 만기)-소비자물가 상승률/출처: 한국은행

표면금리와 실효금리

금리는 표면금리와 실효금리로도 구분된다. 표면금리는 말 그대로 겉으로 표시된 금리이며, 실효금리는 실제로 받거나 부담하게 되는 금리를 말한다. 예컨대 예금을 할 때 금융기관에서 제시하는 금리는 표면금리이고, 실제로 이자가 지급될 때 이자에 대한 세금을 공제한 게 실효금리이다. 따라서 표면금리가 같은 금융상품이더라도 이자 계산 방법, 이자에 대한 세금 부과 여부 등에 따라 실효금리는 서로 다르다. 예를 들어보자. 2023년 말 현재 우리나라 이자소득세(주민세 포함)는 15.4%이다. 1년 만기 정기예금에 100만 원을 표면금리 연이율 5.0%로 예금했을 경우 실제 받는 실효금리는 다음과 같이 계산된다. 실제 수취 이

자는 원금(100만 원)에 표면금리(5.0%)를 곱한 이자 5만 원(100만 ×5.0%)에서 이자소득세 7,700원(=5만×15.4%)를 공제한 42,300원 이 된다. 이때의 실효금리는 4.23%(42,300원/100만 원)이다.

시장금리와 대고객 금리

금리는 시장금리와 대고객 금리로도 구분할 수 있다. 시장금리는 국채 수익률, 회사채수익률 등과 같이 다수의 거래 당사자가 참가하는 공개시장에서 수요와 공급 원리에 의해 형성되는 금리로, 경제 및 금융시장 상황을 매우 민감하게 반영한다. 국가마다 기준이 되는 대표적인 시장금리를 지표금리로 지정하고 있다. 우리나라에서는 외환위기 이후 국채 시장의 활성화로 국채가 채권시장의 중심시장으로 정착됨에 따라 2000년 5월부터 국채 수익률(3년 만기 국고채 유통수익률)을 지표금리로 사용되고 있다. 한편 대고객 금리는 각종 예금과 대출 시 금융기관과 고객 간의 계약으로 형성되는 금리로서 금융기관이 시장금리의 변화와 금융기관의 경영 상황을 반영하여 자율적으로 결정한다. 일반적으로 대출금리가 예금금리보다 높으며 그 차이인 예대마진(예대금리차)는 경제 상황에 따라 크게 변한다. 일반적으로 효율적으로 경영하는 금융기관의 예대마진은 그렇지 못하는 금융기관에 비해 작다.

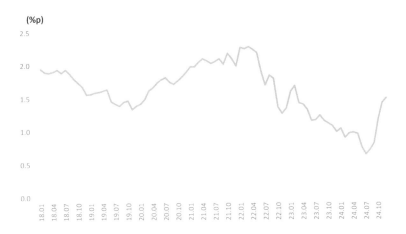

국내 예금은행의 예대마진 추이

(%p)

주) 예대마진(예대금리차)은 예금은행의 '가계 대출금리-정기예금금리'로 산출/출처: 한국은행 경제통계시스템

|금리 계산법

연이율(APR)

갈수록 복잡해지고 있는 금융상품을 비교해 보고 선택하기 위하여 꼭 알아야 할 것이 금리의 계산 방법이다. 제도권 금융기관에서 사용하는 금리는 대부분 1년(연간)에 대한 이자율인 연이율(APR: annual percentage rate)을 사용한다. 만일 1년이 넘는 기간 예금한다고 하더라도 금융기관에서 제시하는 금리는 1년 동안의 금리인 APR로 표현

된다. 예컨대 2년 만기 정기예금을 들 때 금리가 5%로 표현되어 있다면 이는 1년 동안의 금리가 그렇다는 것이다.

그러면 1년 미만의 금리는 어떻게 표현할까? 엄밀하게 말하면 그 기간의 금리를 제곱이나 제곱근 등 수학적 기호를 사용하여 연이율로 환산해주는 것이 맞다. 그러나 실상에서는 1년 미만의 금리를 단순 산술적으로 일 년으로 만들어 적용한다. 예를 들어 한 분기 동안의 금리가 1.5%라면 이를 연이율로 환산하면 6%(=1.5%×4)가 되고, 만일 연이율 6%로 한 달만 빌릴 때 한 달 동안의 이자는 연율 6%로 계산된 일 년 동안의 이자를 12로 나누면 된다.

단리와 복리

금리 계산에서 가장 기본적인 것이 단리와 복리의 구분이다. 단리는 원금에 대해서만 이자를 계산하는 방법이고, 복리는 원금에 대한 이자뿐만 아니라 이자에 대한 이자도 함께 계산하는 방법이다. 예를 들어 100만 원을 연 5%의 금리로 2년간 은행에 예금하면 만기에 받게 되는 원금과 이자의 합계액을 단리 방식으로 계산하면 110만 원이지만, 이를 복리로 계산하면 110.25만 원이 된다.

- 단리 방식: 100만 원 × (1+0.05×2) = 110만 원
- 복리 방식: 100만 원 × $(1+0.05)^2$ = 110.25만 원

이 단순한 예시에서는 기간이 짧아서 단리와 복리의 차이가 뚜렷이 나타나지 않는다. 단리와 복리의 차이는 기간이 길어질수록, 금리 수준

Ⅰ 금융 생활의 기초, 금리와 환율

이 높을수록 뚜렷하게 나타난다. 아래의 그림에서 볼 수 있듯이 25년 후에는 단리 원리금은 225만 원이 되지만 복리 원리금은 이보다 1.5배 정도인 약 339만 원이 된다.

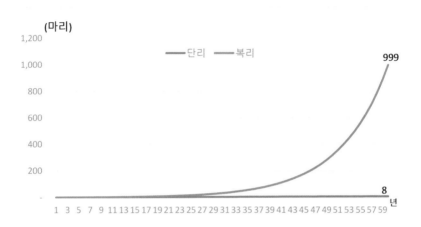

단리와 복리의 차이 예시(원금=100만 원, 연 이자율=5%)

기간이 길고, 금리가 높을수록 복리의 위력이 엄청나다. 아마 여러분은 북한 강원도에서 가출 당시 아버지의 소 한 마리를 몰래 팔아서 만든 돈을 가지고 남한에 와서 성공한 고 정주영 현대그룹 회장을 기억할 것이다. 정주영 회장은 소 한 마리에 대한 보상으로 60년 후인 1998년 2차례에 걸쳐 소 1,000마리를 북한에다 준 역사적인 사례가 있었다. 이때 1마리에 대한 보상이 너무 지나치다고 생각할 수도 있겠지만 그렇지 않다. 보상하기 전까지의 60년간 우리나라의 평균 금리는 12.0~12.5% 수준이다. 금리를 12.2% 정도로 하여 소 한 마리를 60년간 복리 계산했을 경우 약 1,000마리가 계산된다[풀이: 1마리×$(1+0.122)^{60}$≒ 1,000마리]. 복리의 위력뿐만 아니라 고 정주영 회장의 뛰어난 금융지능(FQ: financial quality)도 놀랄만하다.

할인율과 수익률

할인율(discount rate)이란 미래에 발생할 금액의 현재가치를 산출할 때 사용되는 금리를 말한다. 예컨대 1년 후 100만 원을 받기로 약속된 어음을 95만 원에 팔거나, 100만 원을 1년 동안 빌려주면서 10만 원을 선이자로 미리 받는 경우 이자율은 모두 할인율의 개념으로 계산된다. 그뿐만 아니라 보통 선물로 많이 이용하는 백화점 상품권, 구두 상품권 등은 직접 해당 백화점이나 제화점에서 구매해야 하지만 간혹 다른 경로(예컨대 구두 수선집 등)를 통해 제 가격보다 싸게 구매하기도 한다. 이때도 할인율 개념이 적용된다. 그러면 만일 10만 원 하는 구두 상품권을 9만 원에 구매했을 경우 할인율이 얼마인가를 계산해 보자. 어렵지 않게 할인율이 11.11%[풀이: 9만 원=10만 원/(1+i) → i=11.11%]가 됨을 계산할 수 있다.

한편 수익률(yield rate)은 현재의 투자 금액에 대해 장래에 발생하는 수익 비율을 의미한다. 가장 간단한 예로 100만 원을 투자할 때 1년 후에 이자로 10만 원을 받는다면 수익률은 10%이다[풀이: 100(1+i)=110 → i=10.0%]. 또 100만 원을 예금하여 2년 후 121만 원을 받을 경우도 복리 계산으로 수익률은 10%[풀이:100$(1+i)^2$=121 → i=10.0%]가 된다. 수익률 중에서 가장 대표적인 것이 만기수익률

(yield to maturity)이다. 이는 미래에 발생하는 현금흐름의 현재가치 (present value of future payments)를 현재 가격(value today)과 일치시키는 이자율을 말한다. 채권이나 할부금융 등 장기간 또는 반복적으로 일어나는 금융거래의 경우 금리는 대부분 만기수익률의 개념으로 계산된다.

자동차 할부 금액 계산

보통 우리가 자동차, 집 등 고가품을 구매할 때 한 번에 지급하기보다는 장기간에 걸쳐 원리금을 균등하게 분할 상환한다. 자동차 대출이나 주택 장기 모기지론 등이 대표적인 할부금융이다. 할부금융 금리는 만기수익률 개념으로 계산되는데, 여기서는 우리가 자동차 구매할 때 매달 납부액이 계산되는 과정도 만기수익률 계산 방식을 통해 산출된다. 이를 다음의 예를 통해 이해할 수 있다.

만일 4,000만 원 하는 현대자동차 신차를 사려 한다고 하자. 2,000만 원을 보유 현금으로 먼저 계산하고 나머지 2,000만 원에 대해서는 5년간 할부로 갚으려고 한다. 현대자동차 계열 금융기관인 현대캐피탈에서 시장금리와 구매자의 신용 등을 고려하여 연이율을 5.5%로 책정한다면 매달 현대캐피탈에 내는 금액을 계산하는 과정은 다음과 같다.

먼저 연간 지급 금액(x)을 계산해야 하는데, 이때 만기수익률 공식을 사용한다.

- 현재 가격: 2,000만 원

- 미래 현금흐름의 현재가치:

$$\frac{X}{1+0.055} + \frac{X}{(1+0.055)^2} + \frac{X}{(1+0.055)^3} + \frac{X}{(1+0.055)^4} + \frac{X}{(1+0.055)^5}$$

현재 가격과 미래 현금흐름의 현재가치를 같다고 놓으면 컴퓨터에서 연간 지급 금액(x) 4,439,364원이 계산되고, 이를 12로 나누면 매월 지급하는 금액(x)이 369,947로 계산된다.

$$2,000만\ 원 = \frac{X}{1+0.055} + \frac{X}{(1+0.055)^2} + \frac{X}{(1+0.055)^3} + \frac{X}{(1+0.055)^4} + \frac{X}{(1+0.055)^5}$$

$$\rightarrow X = 4,439,364원,\ x = 369,947원$$

|시장금리 변동 메커니즘

시장금리 변동 메커니즘은 일반적으로 대표적인 장기채권의 수익률 변화를 통해 뚜렷이 확인할 수가 있다. 국내외 경제 상황 및 정책 등의 변화가 시장금리에 영향을 미친다. 자금 시장의 사정, 채권시장의 수급, 경제지표 등의 변화가 단기적으로 시장금리에 영향을 미치고, 물가상승률과 경제성장률 등은 장기적으로 시장금리에 영향을 미친다. 하지만 단기 요인은 워낙 시시각각으로 변화하여 전문 딜러 등 그 업에 관계되지 않는 일반 개인으로서는 쫓아가기 힘든 영역이다. 따라서 여기서는 단기보다 중장기 변화 요인에 관심을 가지고 살펴보기로 한다.

경기와 금리

수요 측면에서 호경기에는 개인 소득은 증가하면서 저축을 위한 수단으로 채권의 수요도 증가한다. 채권 수요의 증가는 채권가격을 상승시키고 금리를 하락시킨다. 채권의 가격과 금리 간에는 역(negative)의 관계가 있기 때문이다. 하지만 공급 측면에서 호경기는 기업의 투자수익률을 상승하게 되는데, 이때 기업은 사업 확대에 필요한 자금을 마련하기 위해 채권의 발행(공급)을 증가시킨다. 이는 채권가격을 하락시키고, 금리가 상승한다. 이처럼 경기 변동 시 채권의 수요와 공급은 모두 변화되나 일반적으로 공급의 변화가 수요의 변화보다 민감하게 반응한다. 실증적으로 보통 시장금리는 경기가 상승할 때 올라가고 경기가 하강할 때 내려감으로써 경기와 함께 순환하는 특성을 보인다.

물가와 금리

물가가 상승하면 수요 측면에서 부동산과 같은 실물자산의 수요가 늘어 대표적 금융자산인 채권에 대한 수요를 감소한다. 따라서 채권가격은 하락하고 금리가 올라간다. 반면 공급 측면에서 물가 상승으로 실질금리가 하락하면 발행자에게는 자금조달 비용이 감소하게 되어 채권공급을 증가시킨다. 이는 채권가격의 하락과 금리상승을 가져온다. 따라서 물가상승률의 상승(하락)은 채권의 수요와 공급 측면 모두 시장

금리를 상승(하락)시키는 방향으로 변화시킨다. 앞서 본 피셔방정식(명목금리≒실질금리+기대 물가상승률)에 따르면 기대 물가상승률이 높아지면 실질금리는 불변이더라도 명목금리가 증가한다. 즉 물가 상승이 명목금리를 증가시킨다는 것은 이 피셔방정식을 확인시켜 주고 있다.

금리정책

국내외의 경제 상황과 정책의 변화는 한국은행 통화정책의 기본이 되는 기준금리 결정에 영향을 준다. 통화당국인 한국은행의 기준금리는 한 나라의 대표 정책금리로 각종 금리의 기준이 된다. 한국은행은 매월 두 번째 목요일 금융통화위원회에서 기준금리 목표 수준을 결정한다. 기준금리가 정해지면 어느 정도 시차를 두면서 회사채수익률이나 국채 수익률과 같은 시장금리에 영향을 미치고, 이는 다시 은행 등의 대고객 금리에 영향을 미친다. 만일 경기가 과열되거나 물가 불안이 우려되면 기준금리를 인상함으로써 시장금리 상승을 유도하여 설비투자와 소비를 위축시킴으로써 경기와 물가를 안정시킬 수 있다. 반면에 경기가 침체하면 기준금리를 인하함으로써 채권금리 하락을 유도하여 설비투자와 소비를 증가시킴으로써 경기를 회복시킬 수 있다. 우리나라의 기준금리는 코로나19 팬데믹으로 크게 내렸다가, 2022년 하반기부터 다시 올렸다가 2024년 다시 내리면서 2024년 말 현재 3.0%를 기록하고 있다.

통화당국의 기준금리 정책 메커니즘

한국은행 기준금리 추이

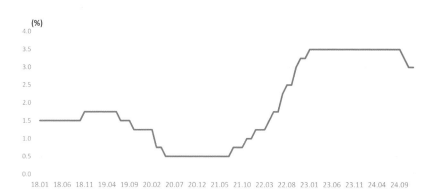

출처: 한국은행 경제통계시스템

저금리 기조의 정착

2008년 금융위기 이후 코로나19 팬데믹 이전까지 우리나라도 미국, 일본 등 선진국처럼 장기적으로 초저금리 기조가 정착되었다. 지표금리인 국고채 수익률(3년 만기)을 기준으로 보면 2006~2007년에는 5~6%였지만 2008년 발발한 글로벌 금융위기를 거치면서 지속해서 떨어지다가 코로나 직전인 2019년에는 2~3% 수준까지 떨어졌다. 외환위기 이후 오랫동안 물가가 안정된 가운데서도 2008년 말 글로벌 금융위기 이후 금융시장 안정과 경기회복을 위하여 각국이 사상 초유의 저금리정책을 펼친 가운데 우리나라 경제 동력이 떨어지고 있었기 때문이다. 이런 요인들로 인하여 금리 수준이 지속해서 떨어지다가 코로나19 사태로 한층 더 낮아진 상태를 유지하였다가 2021년 하반기 코로나19에서 조금씩 벗어나면서 수요가 살아나고, 2022년 초 러시아-우크라이나 전쟁의 발발로 물가가 급등하면서 금리가 급등하였다가 소폭 하락하고 있다.

앞으로 물가가 안정되면서 다시 저금리 기조로 회귀할 것으로 보인다. 무엇보다도 경제구조 자체가 성숙하고 선진화되면서 기업들의 투자 규모가 줄어들면서 잠재성장률이 하락 기조를 지속하고 있기 때문이다. 잠재성장률은 불황이나 과열과 같은 일시적인 변동이 없을 때 한 나라의 경제가 얼마나 성장할 수 있는지를 측정하는 지표이다. 우리나라의 잠재성장률은 세계에서 제일 낮은 출산율과 급속한 고령화 등에 따른 인구구조 변화 등으로 지속해 하락할 수밖에 없는 구조를 지니고 있다. 2021년 한국금융연구원은 노동과 자본, 총요소생산성의 향후 경로에 대해 중립적 시나리오를 설정하여 2025년 1.57%, 2030년 0.97%, 2035년 0.71%, 2040년 0.77%, 2045년 0.60% 등으로 하락하는 것으로 추정한 바 있다.

국고채수익률(3년) 장기 추이

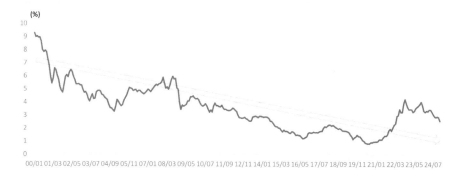

출처: 한국은행 경제통계시스템

2장
환율과
글로벌 생활

환율(exchange rate)이란 어떤 나라의 통화 1 단위를 다른 나라 통화와 바꿀 때 적용되는 교환 비율로서 한 국가 통화의 외국 상품과 서비스 등에 대한 구매력, 즉 대외가치를 나타낸다. 환율은 제각기 다른 화폐를 사용하는 나라 사이에 거래를 가능하게 하는 다리 역할을 하므로 글로벌 생활에 있어 점점 중요해지고 있다.

|빅맥지수

　현행 환율이 적정한가를 손쉽게 알기 위해서는 전 세계에서 공통으로 팔리고 있는 표준적인 상품을 하나 골라, 구매력 평가 지수의 관점에서 각국에서의 가격이 얼마인지를 서로 비교해 보면 된다. 품질과 크기, 재료가 세계적으로 표준화되어 있는 미국 맥도널드의 '빅맥(Big Mac)' 햄버거는 이런 점에서 좋은 대상이 된다. 영국의 시사 주간지 '이코노미스트(The Economist)'는 1986년부터 세계 100여 개국에서 판매되는 '빅맥'의 달러 가격을 조사하여 해당 통화 환율의 적정 수준을 평가한 '빅맥지수'를 매년 발표하고 있다.

'미국식 vs 유럽식' 환율표시

　환율의 적정 수준을 생각하기에 앞서 환율의 표기 방법에 대해 알 필요가 있다. 환율은 자국 통화의 가치가 다른 나라 통화와 비교하여 표시되기 때문에 두 나라 간의 상대적인 개념이다. 일반적으로 환율표시는 기준 통화로 외국통화, 또는 미 달러화를 사용하는지에 따라 미국식 표시 방법과 유럽식 표시 방법 등으로 구분된다. 미국식 표시 방법은 미국 관점에서 외국통화 1단위와 교환되는 달러의 양을 표시하는 방법으로서 U\$1.4230/£, U\$1.3230/€ 등으로 나타낸다. 현재 미국, 영국, 영국계 국가 등에서 사용되고 있다. 반면 유럽식 표시 방법은 미국 1달러를 기준으로 각국의 환율을 표시하는 방법으로 ₩1,245.50/U\$, ¥100.56/U\$ 등으로 나타낸다. 우리나라를 포함하여 대부분 국가에서는 유럽식 표시 방법을 사용하고 있다.

여기서는 우리나라에서 사용하고 있는 유럽식 표기 방법에 따라 달러당 원화 표시로서 설명하자. 예를 들어 미국 달러화에 대한 원화 환율, 즉 원-달러 환율이 1,200원이라면 W/$=1,200원으로 표시된다. 만일 원-달러 환율이 1,300원으로 상승하였다면 달러 가치에 비해 원화 가치가 상대적으로 내려간 것이므로 원화의 평가절하 또는 원화의 약세라고 표현한다. 반대로 원-달러 환율이 1,100원으로 하락하였다면 달러 가치에 비해 원화 가치가 상대적으로 올라간 것이므로 원화의 평가절상 또는 원화의 강세라고 표현한다.

빅맥지수를 통해서 본 적정 환율

오래전부터 양국 간의 통화가치 비율인 환율을 제대로 평가하려는 노력이 여러 각도로 진행됐다. 이 중 가장 기본적인 것이 '구매력'을 이용한 방법인데, 이는 환율이 양국 통화의 실질적인 구매력을 같게 만드는 비율, 즉 구매력 평가 지수(PPP: purchasing power parity)의 측면이 있다는 것을 이용한 것이다. 이론적으로 완전 자유무역 시스템하에서 현재의 환율로 교환된 양국의 화폐를 가지고 구매할 수 있는 재화의 양은 같아야 한다는 데 기초하고 있다. 예컨대, 현재의 원-달러 환율이 1,200원이라면 미국에서 1달러로 살 수 있는 재화나 한국에서 1,200원으로 살 수 있는 재화는 같아야 한다.

세계 빅맥지수 순위

2022/2월 기준

각국의 PPP(구매력 평가 지수)를 비교하는 경제지표로
지수가 높을수록 물가도 높다.

국가	순위	빅맥지수
스위스	1위	6.98달러
노르웨이	2위	6.39달러
미국	3위	5.81달러
스웨덴	4위	5.79달러
스리랑카	18위	4.15달러
태국	25위	3.84달러
한국	27위	3.82달러
일본	33위	3.38달러
터키	56위	1.86달러
러시아	57위	1.74달러

빅맥지수도 기본적으로 각국에서 파는 빅맥의 구매력이 환율로 계산하였을 때 같아야 한다는 데서 출발한다. 만일 각국에서 달러로 환산한 빅맥의 구매력이 같지 않다면, 즉 각국의 빅맥지수가 미국 빅맥 가격과 같지 않다면 그 나라의 통화가 달러 대비 평가절하 또는 평가절상되어 있다고 판단한다는 것이다. 만일 2022년 미국 내 '빅맥' 가격은 5.81달러, 한국 내 판매가는 4,900원, 현재 원-달러 환율은 1,282.70원이라 하자. 이때 한국에서 파는 '빅맥'의 가격을 달러로 환산할 때 약 3.82달러(=4,900원/1,282.70원)이다. 이 3.82달러가 바로 한국의 '빅맥지수'이다. 각국의 '빅맥지수'가 미국 '빅맥' 가격보다 낮을수록(높을수록) 해당 통화가 저평가(고평가)되었다고 할 수 있다. '빅맥지수'로 본 원-달러 환율의 적정 수준은 843.4원(=4,900원/5.81달러)으로 계산되는바, 2022년 원-달러 환율 1,282.70은 매우 저평가되어 있다고 생각

할 수 있다. 즉, 원화의 가치는 구매력보다 낮게 평가되고 있다는 말이다. 2022년 발표된 '빅맥지수'를 보면 스위스와 노르웨이가 가장 높다. 빅맥지수로 볼 때 이들 통화는 엄청나게 고평가되어 있다고 할 수 있다. 반면 당시 지진과 전쟁 등으로 어려움을 겪고 있는 터키나 러시아는 매우 낮다. 빅맥지수로 볼 때 이들 통화는 엄청나게 저평가되어 있다.

'빅맥지수'는 양국 간의 환율을 잘 반영하고 있으나, 현실적으로 두 나라 간의 관세, 점포 개설비, 인건비 등이 현격히 차이가 날 때 양국 통화의 상대적 가치를 정확하게 반영하지 못한다는 단점에도 공전의 히트를 거두었다. 빅맥지수의 성공을 보면서 2004년 스타벅스 카페라테를 이용한 '스타벅스지수', 2007년 애플사 '아이팟지수' 등도 시도되었으나 성공을 거두지 못하고 사라졌다. 한국도 한때 '설렁탕지수', '애니콜지수' 등을 시도한 적이 있다.

|다양한 환율 개념

2차 세계대전 이후 브레튼우즈제도 아래에서는 주로 일정 기간 양국 통화 간 교환 비율이 변하지 않는 고정환율제도가 유지되었다. 미국은 각국이 달러화를 가져오면 금으로 교환(태환)해 준다는 약속하에 이루어질 수 있었던 제도이다. 하지만 1971년 미국 닉슨 대통령의 금 태환 정지를 발표한 이후 세계 주요국 간 환율제도는 변동환율제도로 전환되었다. 우리나라도 하루 중 환율변동 폭을 점진적으로 확대해 나가던 고정환율제도를 유지하다가 외환위기가 발생한 지난 1997년 12월 16일 전격 완전 자유변동환율제도로 이행하였다. 이후 원-달러 환율은 점차 하락하는 가운데서 변동성이 이전에 비해 큰 폭으로 증가하였다. 시시각각 변동하는 환율의 개념은 매우 다양하다.

원-달러 환율 장기 추이

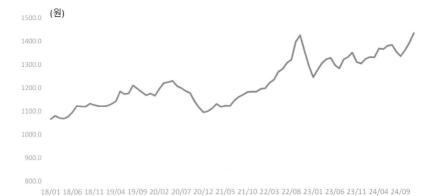

출처: 한국은행 경제통계시스템

매매기준율과 재정환율

변동환율제도에서 가장 기본이 되는 환율은 매매기준율이다. 이는 원화와 미 달러화 간, 원화와 중국 위안화 간 외국환은행의 대고객 거래 및 기업 등의 회계처리에 참고가 되는 환율이면서 일반 고객이 은행에서 외화를 사고팔 때 기준이 되는 환율이다. 또한 은행 간 외환시장에서 외국환 중개회사의 중개로 거래된 환율을 가중평균(각 체결된 환율에 거래량 비례 계수를 곱하여 산출한 평균) 방식으로 산출하기 때문에 시장평균환율이라고도 불린다.

한편 미 달러화, 중국 위안화 이외의 기타 통화와 원화 간에는 재정환율을 사용한다. 이는 주요 국제금융시장에서 형성된 미 달러화와 기타 통화와 매매 중간율을 재정(arbitrage)한 매매기준율을 산출한다. 예컨대 현재 국내 외환시장에서는 원-유로 환율(₩/€)은 직접 결정되지 않지만 원-달러 환율(₩/$)과 국제금융시장에서 결정되는 달러-유로 환율($/€)을 이용하여 원-유로 환율(₩/€)을 계산할 수 있다. 만일 어느 한 시점의 원-달러 환율(₩/$)이 1,250.80, 달러-유로 환율($/€)이 1.2924일 때 원-유로 환율(₩/€)은 1,250.80×1.2924=1.616.5가 된다.

은행의 대고객환율

시장에서 결정되는 매매기준율과는 달리 외국환은행(국내은행은 외환을 취급하는 외국환은행임)이 고객과 외환거래 시 적용하는 대고객환율이 있다. 이는 은행이 고객과 거래할 때 적용하는 환율로서 당일의 매매기준율 또는 재정된 매매기준율 등을 참작하여 외국환은행이 자

Ⅰ 금융 생활의 기초, 금리와 환율

율적으로 결정한다. 이에는 외국환 결제 방법에 따라 현찰매매율, 전신환매매율 등이 대표적이다. 현찰매매율은 외화와 원화 간의 교환에 적용하는 환율이고, 전신환매매율은 외국으로 송금하거나 받을 때 적용하는 환율이다.

은행에서 대고객환율을 이해할 때 주의해야 할 것이 있다. 각각의 매매율에는 매도율과 매입률이 있다. 은행에서 사용하는 대고객환율은 은행의 위치에서 명명한 것이기 때문에 고객의 위치에서는 반대로 해석하면 된다. 예를 들어 현찰매도율은 은행이 고객에게 달러를 매도할 때 적용하는 환율이다. 따라서 고객의 위치에서 보면 현찰매도율은 고객이 달러를 매입할 때 적용받는 환율이다. 아래 그림은 어느 한 시기 은행의 대고객 원-달러 환율을 나타낸 것인데 매매기준율을 중심으로 현찰매도율이 가장 높고, 현금매입률이 가장 낮다.

은행의 대고객환율 예시

₩/$

1,041.41	현찰매도율	(고객이 달러 살 때)
1,033.40	전신환매입률	(고객이 달러 송금 보낼 때)
1,023.50	매매기준율	
1,013.60	전신환매도율	(고객이 달러 송금 받을 때)
1,005.59	현찰매입률	(고객이 달러 팔 때)

2024.9.13 기준 하나은행 제공

|환율변동 메커니즘

   국내 원-달러 환율은 지난 1997년 말 완전 변동환율제도로 전격 이행한 이후 그 변동 폭이 크게 확대되고 있다. 금리와 마찬가지로 환율의 변동 요인에도 여러 가지가 있다. 중장기적으로 환율의 변동 원인과 방향을 정확하게 파악할 수 있다면 그만큼 글로벌 금융생활을 현명하게 할 수 있다.

환율변동 메커니즘

   환율은 외환에 대한 시장 수급 상황, 시장에 쏟아지는 각종 경제지표와 뉴스, 정치적 이슈 등에 의해 하루 중에도 큰 폭으로 움직인다. 그러나 이러한 요인들의 움직임을 금융기관에서 외환을 거래하는 전문 딜러나 시장분석가가 아닌 이상 일반 개인이 따라가기는 사실상 힘들다. 그리고 장기적으로 물가, 생산성 변화, 교역조건 변화 등 면에서 국가 경제의 기초(fundamentals)가 튼튼한 나라의 통화가치는 상승한다. 예컨대 국내 물가가 하락하면 원화의 구매력이 높아진다. 원화 가치 증가는 곧 원-달러 환율의 하락을 의미한다. 반대의 경우 원화 가치가 하락하고 이는 곧 원-달러 환율의 상승을 의미한다. 1970년대 초 100엔=108원이었던 한·일 간의 환율이 2020년대 100엔=1,000원 이상의 수준으로까지 10배 이상 상승한 것은 그 기간 양국 간 경제력의 차이가 확대되었음을 반영한다.

환율은 그 나라의 경제 상황을 반영하는 지표로서 중기적으로 국제수지, 각국의 금리 변화, 국제외환시장에서 달러화의 움직임 등 외환의 수요와 공급에 영향을 미치는 경제적인 요인에 의해 변화된다. 이중 우리가 많은 관심을 가져야 하는 것은 어느 정도 시간이 걸리는 경제적 요인이다.

국제수지와 환율

국제수지(BOP: balance of payments)는 일정 기간 한 나라의 거주자와 비거주자 간에 발생한 경제적 거래에 따른 수입과 지급의 차이를 의미하며, 크게 경상수지, 자본수지, 금융계정, 오차 및 누락 등 4개의 계정으로 구성되어 있다. 하지만 실제 경제적 요인에 의해 크게 유출입되는 경상수지와 금융계정의 움직임은 환율의 변화와 밀접하다. 국제수지표는 이를 국제기준에 따라 체계적으로 기록한 표이다. 우리나라는 한국은행에서 국제수지표를 매월 작성하여 공표하고 있다.

경상수지든 금융계정이든 간에 한 나라 외화 유입이 유출보다 많으면 국제수지가 흑자가 되고, 반대일 경우 적자가 된다. 국제수지 흑자가 곧 외환의 유입, 적자가 유출을 의미하는 만큼, 환율에 직접적인 영향을 미치게 된다. 국제수지 흑자가 커지면 환율은 하락(원화 가치 상승)하고, 반대로 국제수지 적자가 커지면 환율은 상승(원화 가치 하락)한다.

이중 특히 경상수지는 국가의 경제 상황을 파악하는 데 중요한 지표 중 하나이며, 국제무역에서도 국가의 경제적인 성장과 발전에 큰 영향을 미치는 중요한 역할을 한다. 왜냐하면 경상수지 흑자는 그 나라의 실질적인 부가 늘어난 것이고, 반대로 적자는 부가 줄어든 것을 의미한다. 그 나라의 경상수지가 흑자이고 증가하면 그 국가의 경제적 성장에 긍정적인 영향을 미치고, 다른 국가들에 비해 강해지면서 국제사회에서도 큰 영향력을 가지게 된다. 따라서 그 나라 통화의 가치를 올리는 역할을 한다.

금융계정에서도 국내 주식이나 채권 등을 사기 위해 달러화가 들어오면 국내 외환시장에서 달러가 많아져 상대적으로 원화의 가치가 높아져 원-달러 환율은 하락한다. 예컨대 1998년 외환위기 이후 외국인들의 국내 주식투자는 급격히 늘었다. 외국 돈이 많이 들어온 결과 많아진 외국 돈에 비해 우리 돈의 가치가 상대적으로 올라가면서 환율은 하락하였다.

한국은행의 국제수지 구성

구분	주 내용
경상수지	상품수지: 상품의 수출과 수입의 차액
	서비스수지: 운송, 여행, 건설 등 거래의 지출 차액
	소득수지: 대외 이자의 수입과 지출의 차액
	이전소득수지: 무상원조, 증여성 송금 등 거주자와 비거주자 사이에 무상으로 주고받는 거래의 차액
자본수지	자산 소유권의 무상 이전 등 자본이전과 브랜드네임 등 비생산·비금융자산의 취득 및 처분의 결과로 계상

금융계정	직접투자: 해외투자 중 외국기업의 경영에 참여하기 위해 행하는 투자
	증권투자: 경영에 참여하지 않고, 단지 투자수익을 위해 행하는 투자
	파생금융상품: 채권, 금리, 외환, 주식 등의 금융자산을 기초로 파생된 금융상품에 투자
	기타 투자 및 준비자산 등
오차 및 누락	경상수지 및 자본수지의 합계와 금융계정 금액이 같지 않을 때 이를 조정하기 위한 항목

기타 중기 요인들

국제수지 이외에도 환율에 영향을 미치는 중기 요인들은 많다. 첫째, 국내외 금리 변화도 환율에 영향을 미치게 된다. 예를 들어 미국금리에 비해 국내 금리가 상대적으로 올라가면 원화로 표시한 금융자산의 예상 수익률은 상승한다. 이에 따라 원화 표시 금융자산이 선호되면서 달러화가 유입되고 원-달러 환율은 하락하게 된다. 반대로 국내 금리가 상대적으로 내려가면 원-달러 환율은 상승하게 된다. 특히 금리와 환율 간의 관계는 단기금융시장이 잘 발달한 미국, 영국, EU 지역 간의 환율 움직임을 잘 설명하고 있다.

둘째, 국제외환시장에서 달러화의 약세 또는 강세도 원-달러 환율에 크게 영향을 미친다. 국제외환시장에서 달러화 약세는 달러-유로 환율의 상승, 엔-달러 환율의 하락으로 나타난다. 달러화 약세는 달러화에 대비한 원화의 강세를 의미하며, 이는 원-달러 환율의 하락을 의미한다. 대표적인 예로 2006년 이후 미국은 재정적자, 경상수지 적자 등 소위 쌍둥이 적자로 시달리면서 국제 외환시장에서 달러화가 약세를 면치 못하고 있을 때 상대적으로 원화가 강세를 나타내면서 원-달러 환율은 내림세를 나타내었다.

셋째, 외환 당국의 외환시장 개입도 환율에 영향을 주고 있다. 세계 주요국은 완전 자유변동환율제도를 채택하고 있지만 급격한 환율변동을 막기 위해 외환시장에 개입하고 있다. 각국의 외환 당국은 환율이 상승할 때 보유 외환을 매각하고, 반대로 환율이 하락할 때 외환을 매입함으로써 환율을 안정시키려고 노력하고 있다. 우리나라의 경우 외환위기 이후 외화 유입이 급속도로 이루어질 때 수출 경쟁력을 유지하기 위해 원화 가치의 급등을 방지하려고 정부는 적극적으로 외환시장에서 외환을 매입하였다. 그 결과 외환위기 때 바닥난 국내 외환보유액이 빠르게 증가하여 2024년 말 현재 4,000억 달러를 넘어서고 있다.

원/달러 환율 중기 경제적 요인

환율상승(원화 약세)의 요인	환율하락(원화 강세)의 요인
경상수지 적자 → 외환 유출	경상수지 흑자 → 외환 유입
금융계정 적자 → 외환 유출	금융계정 흑자 → 외환 유입
국내 금리 하락 → 외환 유출	국내 금리 상승 → 외환 유입
엔/달러 환율 상승 → 달러화 강세	엔/달러 환율 하락 → 달러화 약세
통화당국의 외환매입 → 달러 공급 감소	통화당국의 외환매각 → 달러 공급 증가

환율변동과 경제

원-달러 환율의 상승을 예로 들어보자. 하락은 반대로 해석하면 된다. 환율상승은 여러 경로를 통해서 국가 경제 전반에 영향을 미친다. 무엇보다도 원-달러 환율의 상승은 수출을 증가시키고, 수입을 감소시킨다. 원-달러 환율의 상승은 한국 수출품의 가격이 싸져 국제시장에서 가격 경쟁력이 높아져 결과적으로 수출을 증가시킬 수 있다. 반면 수입기업은 원화로 환산한 수입 가격이 올라 국내시장에서 가격 경쟁력이 떨어져 수입을 줄일 수밖에 없다. 환율의 상승으로 수출은 늘고 수입이 줄면 일정 기간에 수출한 금액에서 수입한 금액을 뺀 무역수지 또는 경상수지가 개선되는 효과가 있다. 그러나 환율상승은 항상 긍정적인 효과만 있는 것이 아니다. 환율이 오르면 해외에서 원료를 수입해 생산하는 상품의 제조원가가 올라 결과적으로 국내 물가가 올라가는 부작용이 있다. 외국에서 자금을 차입한 기업은 갚아야 할 외채 원금과 이자가 늘어난다. 또한 환율의 급등락은 외환거래 규모가 급격히 증가하고 있는 가운데 기업의 환율변동 위험을 증대시키고 있다. 환율상승은 수출업자에게는 환율 하락의 위험을, 수입업자에게는 환율상승의 위험을 초래한다.

환율의 변화가 국내경제에 큰 영향을 미치지만, 우리의 글로벌 생활과도 연관이 많다. 특히 해외여행을 하는 사람이나 유학생 자녀를 둔 사람은 환율에 민감하게 대응하고 있다. 환율이 상승하면 유학생 부모들의 송금 부담은 늘어나게 되고 달러를 바꿔 해외여행을 가려는 사람은 줄어든다. 또한 환율변동 방향이 예측되면 해외여행이나 해외송금

전략을 세울 수도 있다. 예를 들어 환율상승이 예상된다면 가능한 달러 매입을 서두르는 것이 유리하고, 일정 기간 나중에 결제되는 신용카드보다는 현찰을 적극 사용하면 좋다. 해외송금도 가능한 서두르는 것이 유리하다. 그러나 환율을 정확하게 예측하기는 불가능하며 반대 방향으로도 움직일 수도 있으므로 섣부른 판단은 자제해야 한다.

국내 환율 고시 대상 통화 명

국가	전통적 약어	ISO 약어	환율 고시 통화 명
미국	US$	USD	달러(기준환율)
일본	¥	JPY	엔(100엔)
유럽연합	€	EUR	유로
영국	£	GBP	영국 파운드
캐나다	Can$, C$	CAD	캐나다 달러
스위스	SFr	CHF	스위스 프랑
홍콩	HK$	HKD	홍콩 달러
스웨덴	SKr	SEK	스웨덴 크로네
호주	A$	AUD	호주 달러
덴마크	DKr	DKK	덴마크 크로네
노르웨이	NKr	NOK	노르웨이 크로네
사우디아라비아	SRI	SAR	사우디아라비아 리알
쿠웨이트	KD	KWD	쿠웨이트 디니르
바레인	BD	BHD	바레인 디니르
아랍연맹토후국	DH	AED	아랍연맹토후국 더히람
싱가포르	S$	SGD	싱가포르 달러
말레이지아	M$	MYR	말레이시아 링기트
뉴질랜드	MZ$	NZD	뉴질랜드 달러
중국	Yuan	CNY	중국 원(元)
태국	Bat	THB	태국 바트
인도네시아	Rupiah	IDR	인도네시아 루피아(100루피)

주) ISO란 국제표준기구(International Organization for Standardization)의 약자/출처: 한국은행

II

지급결제와 디지털 금융

3장
진화하는 지급결제 수단

지급결제란 경제주체들이 지급수단을 이용할 거래 상대방에게 화폐단위로 표시된 가치를 이전하는 행위를 말한다. 경제 활동이 안정적으로 이루어지고, 금융시스템도 안정될 수 있으려면 지급결제시스템이 안전하고 효율적으로 작동되어야 한다. 경제 활동에 있어서 화폐가 우리 몸의 혈액과 같다면 지급결제시스템은 혈액을 인체의 구석구석까지 순환시켜 주는 혈관과 같다. 최근 정보통신기술이 발달하면서 전자결제, 가상통화, 간편결제 등과 같은 새로운 결제 수단이 속속 등장하고 있다. 이제는 지폐뿐만 아니라 어음, 수표, 각종 카드 및 전자화폐, 계좌이체, 간편결제 등 현금 이외의 지급수단이 거래 규모나 거래의 성격에 따라 다양하게 사용되고 있다.

|화폐와 수표·어음

  화폐란 상품이나 서비스의 지급, 채무상환 등을 위해 인정되는 것을 말하며, 지급결제 수단으로 사용되고 있다. 현대 자본주의 사회에서 화폐는 인체의 혈액처럼 수많은 생산자와 소비자 사이에서 이루어지는 모든 경제 거래를 매개하고 촉진하는 중요한 기능을 담당하고 있다. 화폐는 고대 금, 은, 가축 따위의 상품화폐를 시작으로 경제·금융 체제가 구축되고, 정보통신기술(ICT)이 발전되면서 빠르게 진화하고 있다.

상품화폐	종이화폐	카드화폐	전자화폐	모바일화폐

조개, 가축, 담배 금, 은 태환화폐

〈현재 사용중인 지불결제 수단〉

(소액) 법정화폐 카드화폐 전자화폐 간편결제서비스, 모바일페이
(거액) 수표, 어음 전자결제 전자어음수표

상품화폐와 종이화폐

  상품화폐(commodity money)란 원래 가축, 가죽, 소금, 조개, 담배 등과 같이 화폐 이외의 다른 목적을 위해서도 본질적인 사용 가치가 있는 품목을 말한다. 그러나 무겁고 덩치가 커서 운송 및 보관이 어렵다는 점 때문에 로마 시대 이후 약 2,000년간은 금과 같은 귀금속이 주로 사용되었다. 그러나 금화의 모퉁이를 조금씩 갈아 내어 다른 금화를 만들고, 금의 함량을 속이고 불순물을 넣는 등 화폐의 명목가치와 소재가

치(素材價値, 생산비)가 일치하지 않는다는 문제점이 나타나기 시작하였다. 금 함유량이 높은 화폐는 집에 보관하고 금 함유량이 낮은 새로운 화폐만 유통하게 되자 '악화가 양화를 구축한다'라는 소위 그레셤의 법칙(Gresham's Law)이 등장하였다.

이러한 문제점을 해소하기 위하여 금 세공사들은 수수료를 받고 상인들이 맡겨놓은 금에 대한 확인서를 발급하고, 금은 자신들의 금고에 보관하게 되었다. 나중에는 정부가 확인 업무를 대신했는데, 당시 지배자들은 명목가치가 소재 가치보다 큰 화폐를 발행하여 그 차액(발권 수익, seigniorage)을 재정지출로 사용하기도 하였다. 이후 금 세공사들이 오랜 경험으로 상인들이 맡겨놓은 금을 한꺼번에 찾아가지 않음을 알게 되자 금을 제삼자에게 빌려주면서 종이에 차용증을 써 주게 되었는데 이것이 바로 종이 화폐의 기원이 되었다.

종이화폐(paper money)는 본질적인 가치는 없으나 강제적으로 화폐로 지정된 것을 말한다. 처음에는 정부가 금 세공사들과 마찬가지로 금, 은 등의 귀금속으로 전환해 줄 것을 약속한 태환화폐를 발행하였다. 하지만 점차 금, 은 등이 부족해지면서 정부가 귀금속으로 전환해 줄 것을 약속하지는 않지만, 채무의 해결을 위해 인정하라고 요구한 법정화폐(legal tender)로 발전되었다. 현재 전 세계적으로 태환화폐는 사라지고 법정화폐가 사용되고 있다. 당연히 우리 지갑 속에 있는 지폐는 정부에게 금, 은 등으로 바꾸어 달려고 요구할 수 없다. 그러나 이러한 종이화폐도 쉽게 잃어버릴 수가 있으며, 거래 규모가 크면 부피가 커서 지니고 다니기가 어려운 단점이 있다.

수표

지급결제 수단으로서 종이화폐가 지닌 단점, 즉 부피와 도난 등의 문제를 극복하기 위하여 등장한 것이 수표이다. 수표(check)는 어느 한 사람 계좌에 있는 자금을 다른 사람의 계좌로 이체할 것을 은행에 지시하는 증서이다. 이는 14세기경 이탈리아에서 예금자가 은행에 대해 사용했던 '예금 지급 지시서'에 기원을 두고 있으나, 근대적인 형태의 수표가 갖춰진 것은 17세기경 영국에서 현대식 은행제도가 발달하면서부터이다.

수표에는 각기 다른 기능을 지닌 다양한 수표가 있지만 일반적으로 수표법에서 언급하고 있는 가장 전형적인 수표는 당좌수표이다. 이 당좌수표는 기업 등 수표의 발행인이 은행과 당좌거래계약을 체결하고, 은행 당좌예금(current account deposit) 잔액 범위 내에서 발행하는 형식의 수표이다. 따라서 반드시 수표발행 액수만큼 충분한 금액이 있어야 하는데, 그렇지 못하면 그 수표는 부도수표가 된다.

수표는 사용과 동시에 지급결제가 마무리되는 현금과 달리 지급, 청산, 결제의 세 단계를 거쳐 지급결제가 이루어진다. 지급(payment)은 개인이나 기업 등 경제주체가 일정한 거래 목적으로 수표를 직접 건네주거나 금융기관에 개설된 예금계좌로 자금을 이체해 주는 것이다. 청산(clearing)은 거래 은행이 서로 다른 경제주체 간에 어음이나 수표, 금융기관 간 송금 등 현금 이외의 지급수단으로 지급이 이루어졌을 때 금융기관들이 서로 주고받을 금액을 계산하는 절차이다. 결제 (settlement)는 이러한 청산 과정을 거쳐 확정된 금액을 중앙은행 당좌예금 간의 자금 이체 등을 통하여 서로 주고받는 과정이다. 이러한 과정 때문에 결제 기간이 보통 1~2일 정도 걸리고, 발행비용이 든다는 단점이 있지만 부피와 도난의 위험이 적고, 금융거래의 효율성을 증가시킨다. 그뿐만 아니라 거래 시 편리한 영수증 구실을 한다는 장점 때문에 현대 상거래에서 널리 사용되고 있다.

우리나라 수표의 지급·청산·결제 과정

출처: 한국은행

자기앞수표, 여행자수표, 가계수표

당좌수표와는 달리 은행이 수표의 지급인인 동시에 발행인이 되는 수표가 있다. 가장 대표적인 것이 과거 우리에게 익숙한 자기앞수표와 여행자수표이다. 자기앞수표의 경우 그동안 고액권이 부족한 상황에서 10만 원 자기앞수표가 많이 사용되었으나, 2009년 5만 원권 화폐가 나오면서 자기앞수표의 이용이 크게 줄었다. 여행자들에게 발행되는 여행자수표의 경우 수표의 수취인은 반드시 2가지 서명을 해야 효력이 발생한다. 하나는 발행자가 보는 앞에서 직접 수표에 기재하고, 다른 하나는 그 수표를 현금과 교환할 때 확인 서명을 하게 되어 있다. 여행자수표의 구매자는 수표를 분실하거나 도난당하면 그 수표의 발행자에 의해 변제를 보장받을 수 있다. 하지만 신용카드 해외 사용이 일반화되고, 송금이 자유로워지면서 과거처럼 활발하게 사용되지 않고 있다.

개인이나 개인사업자가 자기신용으로 발행하는 가계수표도 있다. 가계수표는 일종의 개인 당좌수표이지만 개인이 지급을 책임진다는 점에서 발행 은행이 지급을 책임지는 자기앞수표와는 다르다. 가계수표를 발행하려면 가계종합예금에 가입해야 하며, 은행과 약정한 한도 내에서 임의로 가계수표를 발행할 수 있다. 우리나라는 지난 1981년 7월 가계종합예금 제도를 도입하면서 가계수표 제도를 시행하였다. 하지만 개인 간의 신용 형성이 예상보다 지연되면서 사람들이 가계수표 받기를 주저하면서 현재까지 제자리걸음을 지속하고 있다.

어음

어음(bills, notes)은 일정한 금액의 지급을 목적으로 발행되는 유가증권이라는 점에서는 수표와 같다. 그러나 지급결제 과정이 빠른 수표와는 달리 어음은 상품이나 물품을 구매하고 일정 기간 지나서 대금결제가 이루어진다. 수표의 경우 지급인이 은행이기 때문에 발행 전에 은행의 당좌예금에다 자금을 맡겨놓아야 하나, 어음은 당좌예금을 이용할 수도 있지만 당좌예금이 없이도 발행할 수 있다.

일반적으로 어음에는 약속어음과 환(煥, exchange)어음이 있다. 발행인이 제삼자에게 지급을 위탁하는 환어음보다는 약속어음이 우리의 생활과 밀접하다. 약속어음은 발행인이 소지인에게 일정 금액을 지급할 것을 약정하는 어음으로, 발행자는 어음의 발행인인 동시에 채무자가 된다. 이에는 진성어음과 융통어음으로 구분된다. 진성어음은 상거래에 수반하여 사용되는 어음으로 금융기관에 할인되어 현금화할 수 있다. 융통어음은 금융기관 간 지급 대여 차입 거래에 이용되거나, 순수하게 자금을 조달하기 위해 발행하는 어음이다. 기업 간 대금결제 수단으로 사용되는 상업어음(CP: commercial paper)도 융통어음에 해당한다. 즉, 진성어음이 담보 성격의 어음이라면 융통어음은 신용 성격의 어음으로 생각하면 된다.

어음의 구분

수표와 어음은 신용 제도의 하나로서 발행·취득·양도 시에는 형식적인 요건이 매우 중요하다. 수표와 어음을 발행함으로써 새로운 채권·채무 관계가 생기며, 더욱이 발행된 수표와 어음은 계속 유통될 것이 예상되므로 필수적으로 기재하여야 할 사항이 법으로 엄격히 규정되어 있다. 기재 사항이 빠지면 그 자체가 무효로 되거나 발행인이 생각했던

바와는 전혀 다른 결과를 초래될 수도 있어서 세심한 주의를 기울여야한다.

최근에는 종이로 된 수표나 어음보다 전자수표와 전자어음 사용이 보편화되고 있다. 일반 수표와 같은 법적 비즈니스 프로토콜(protocol, 규약)을 사용하는 전자적 수표의 경우 금융 서비스 생성 언어를 사용하여 기본 서명, 연대 서명, 부서 서명, 공증이 가능하다. 전자 거래의 무결성 확보를 위하여 인증, 공개 키 기반 구조, 인증 기관을 포함하여 여러 가지 최신 보안 기술을 사용하기도 한다. 그리고 이용자와 은행 및 전자어음 관리기관을 인터넷으로 연결하여, 인터넷상으로 전자문서로 된 어음을 발행하여 지급하는 수단도 확산하고 있다. 전자어음은 어음의 위조와 변조를 방지할 수 있으며, 모든 거래가 실시간 실명으로 이루어져 조세의 투명성도 높인다.

|카드 화폐

오랜 기간 지폐, 수표, 어음 등의 종이화폐 시대가 지속되다가 20세기 후반부터 정보처리와 디지털 기술의 발달에 힘입어 선불카드(prepaid cards), 직불카드(debit cards), 그리고 신용카드(credit card) 등 카드 화폐의 사용이 보편화되기 시작하였다. 카드 화폐는 최근에 와서는 모바일 전화기에 등록해서 사용할 수가 있지만, 그 이전에는 대부분 플라스틱 카드로 만들어져 있어 간혹 플라스틱머니(plastic money)라고 불리기도 했다. 카드 뒷면에 있는 마그네틱테이프 안에 각종 정보가 내장되어 있어 카드 화폐 기능을 하였다. 하지만 최근에는 기술의 발전으로 앞면에 IC칩이 내장되고부터는 다양한 정보를 담을 수 있는 전자화폐 기능도 하고 있다.

금융 용어 따라잡기

선불카드, 직불카드, 후불카드

다양한 카드를 결제 시점에 따라 선불(先拂), 직불(直拂), 그리고 후불(後拂) 등으로 분류할 수 있다. 먼저 선불카드(prepaid card)는 교통카드, 전화카드 등과 같이 사전에 충전된 금액 범위 내에서 그 대금에 해당하는 금액이 판매자의 예금계좌로 이체되는 카드다. 백화점 상품권, 구두 상품권, 문화상품권 등도 미리 돈을 주고 구매한 뒤 그 저장된 가치만큼 사용할 수 있다는 점에서 일종의 선불카드로 볼 수 있다.

한편 직불카드(debit card)는 말 그대로 예금계좌 잔액 범위 내에서 결제 즉시 계좌이체가 되는 카드이며, 후불카드(deferred payment card)는 먼저 물품이나 서비스를 신용으로 구매한 다음 일정 기간 후에 대금을 지급하는 것으로 신용카드가 대표적이다.

신용카드

신용카드는 사전에 승인된 이용 한도 범위 내에서 물품이나 서비스를 신용으로 구매하거나 현금서비스를 받은 후 일정 기간이 지난 후에 대금을 지급하는 후불카드로서, 카드 화폐 중 가장 대중적으로 사용되고 있다. 일반적으로 우리나라에서 신용카드를 사용하는 데에는 카드발행자(카드회사), 가맹점, 카드 보유자(카드 회원) 등 3개의 당사자가 참여하는데 이들 간의 시스템 이해도 매우 중요하다.

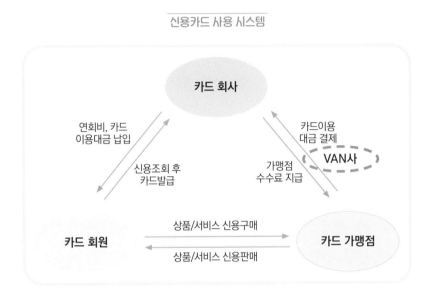

신용카드 사용 시스템

일반적으로 카드발행자는 신용을 얻을 수 있는 일정한 자격요건을 갖춘 사람, 즉 신용이 있는 사람에게만 신용카드를 발급해 주고 있다. 현재 은행, 신용카드회사, 유통업체 등에서 발행하며, 그 대가로 연회비를 부과한다. 카드 보유자는 신용카드를 이용하여 가맹점에서 물품과 서비스를 신용으로 구매한다. 이때 대금결제는 약속한 날짜에 일시불로 상환하는 게 원칙이다. 카드발행자는 우선 가맹점에 그 대금을 결제해 주고, 일정 기간이 지난 후에 카드 보유자로부터 이자 없이 대금을 회수한다. 이때 카드가맹점은 카드발행자에 대금결제의 대가로 가맹점 수수료를 지급한다. 이 밖에 당사자는 아니지만 카드사와 카드가맹점

간의 네트워크를 구축하여 고객의 카드 사용에 대한 승인을 중개해 주는 역할을 하는 거래 시스템인 밴(VAN)사도 있다.

한편 최근 신용카드 이용에 리볼빙 서비스의 사용이 빈번해지고 있다. 이는 카드 사용 대금이 많이 부담되고 한꺼번에 결제하기 곤란한 경우, 자신이 결제할 수 있는 능력이 되는 범위 내에서 원하는 만큼 조절하여 결제할 수 있는 맞춤형 결제 서비스를 말한다. 즉, 할부 대금을 제외한 카드 이용 금액 중 원하는 금액을 우선 결제하면, 나머지 이용 대금은 결제가 다음 달로 연장되고 카드는 잔여 한도 내에서 계속 사용할 수 있는 서비스이다. 결제 비율은 보통 5~90% 등의 범위 내에서 선택할 수 있다. 리볼빙 서비스 수수료는 리볼빙 이용 대금 잔액과 함께 청구되며, 신청 자격과 수수료율은 카드사마다 다르다.

한편 최근 모바일을 통한 신용카드 발급 서비스가 급격히 확대되고 있다. 모바일 신용카드는 전통적인 신용카드를 디지털 형태로 변환한 서비스로, 스마트폰이나 태블릿을 통해 결제할 수 있는 방식의 카드이다. 사용자들은 스마트폰에 앱카드(app card) 협의체의 은행 앱을 설치하고 신용카드의 번호 등 카드 정보를 앱에 저장하고, NFC(근거리 무선통신) 또는 QR코드를 통해 매장에서 간편하고, 안전하게 결제할 수 있다. 물리적인 카드 없이도 결제가 가능하므로 지갑이 필요 없고, 다양한 할인 혜택과 포인트 적립 기능을 제공하기도 하여 온라인 쇼핑과 간편결제에 최적화된 젊은 세대의 소비 트렌드에 잘 부합한다.

신용카드는 언제부터 사용되었는가?

신용카드는 1920년대 미국의 석유회사나 체인 호텔과 같은 사기업들이 자신의 지점에서도 구매가 쉽게 이루어지게 하도록 고객들에게 신용카드를 발행하기 시작한 것이 그 기원이다. 그러나 오늘날처럼 다양한 가맹점에서 사용될 수 있는 최초의 신용카드는 1950년 다이너스클럽 사가 소개한 이후부터이다. 이후 1958년 American Express Card, 1970년대 후반 등장한 Visa Card, Master Card 등 은행 카드들이 전국에 걸쳐 그 서비스 영역을 구매상점뿐만 아니라 요식업과 숙박업 등에까지 빠르게 확대하였다.

우리나라에서 신용카드가 사용되기 시작한 것은 1969년 7월 신세계백화점이 자사의 중역을 대상으로 하여 통장식 신용거래를 하다가 모든 사원에 이 방식을 확대해 카드식으로 전환하면서부터이다. 이후 1970년 조선호텔이 회원제를 도입해 플라스틱 카드를, 1974년 5월 미도파백화점이 카드 발행을 개시했다. 카드 발행 전문회사의 설립은 1978년 9월 코리안익스프레스(1987년 7월 18일 럭키금성그룹이 인수한 엘지 카드의 전신)가 최초이며, 2개월 후인 11월에 한국신용카드(1988년 3월 30일 삼성그룹이 인수한 위너스 카드의 전신)가 설립되었다.

은행계 카드는 1980년 9월 국민은행의 국민카드를 시작으로 1982년 6월 5개 시중은행의 연합체가 비씨(BC)카드를, 1987년 10월 장기신용은행이 장은 카드 등을 발행했다. 외국계 카드의 도입은 1978년 4월 외환은행이 Visa Card를 도입한 것을 시초로 1980년 American Express Card, 1982년 8월 Master Card, 1984년 4월 Diners Club 등 4대 미국계 카드가 한국에 들어왔다.

직불카드와 체크카드

직불카드(debit card)는 물건을 사거나 서비스를 이용하고 카드로 결제할 때마다 결제 순간에 사용자의 예금계좌에서 판매자의 예금계좌로 대금이 이체되는 카드를 말한다. 통장에 돈이 없으면 결제를 할 수 없으며 이용 한도는 없다. 직불카드는 신용카드와 같은 방식으로 국내 직불카드 가맹점에서만 통용된다. 직불카드는 해외에서는 이미 널리 사용되고 있는 지불수단으로 현재 신용카드 보급률의 3배에 이르며, 사용빈도의 경우 신용카드의 4배 정도이며, 기존의 수표 결제를 완전히 대체한 데 이어 현금 거래도 상당 부분 잠식하고 있다. 직불카드는 현금과 수표의 완벽한 대체 수단이 되기 때문이다.

직불카드에는 신용카드가 가지지 못한 장점이 여러 개 있다. 직불카드는 신용카드에 비해 발급이 쉽다. 거래 예금계좌만 있으면 누구든지 직불카드를 만들 수 있다. 또한 은행 예금계좌 예금액만큼 지출할 수 있어 과소비를 사전에 방지할 수 있다. 만일 신용카드의 과소비 폐해가 걱정된다면 우선 연체나 신용불량의 우려가 적은 직불카드를 사용하는 것이 바람직하다. 그리고 신용카드가 제공하는 안전 도모가 직불카드에도 적용되며, 분실하거나 도난당했을 경우, 즉시 은행에 신고하면 부정 사용을 막을 수 있다. 그뿐만 아니라 신용카드와 마찬가지로 직불카드도 일정 소득공제 혜택을 받을 수 있게 되었다. 그런데도 우리나라에서는 현재 가입 가맹점이 많지 않고, 비밀번호 입력 등 번거로움이 있으며, 은행공동망 가동시간에서만 사용된다는 시간상의 제약이 있어 다른 나라에 비해서 활발하게 사용되고 있지 못하고 있다.

한편 체크카드(check card)는 신용카드와 직불카드의 장점을 합쳐놓은 직불형 신용카드이다. 예금계좌 잔액 범위 내에서만 결제할 수 있고, 결제 즉시 계좌이체가 된다는 점에서 직불카드와 유사하지만, 신용카드 전산망을 그대로 이용할 수 있어 모든 신용카드 가맹점에서 사용할 수 있다. 신용카드와는 달리 연회비가 없고 일부 카드사의 경우 예금 잔액이 없어도 우량 회원들을 대상으로 소액의 한도를 부여한다. 체크카드 역시 소득공제 혜택을 받을 수 있다. 체크카드는 무분별한 신용카드 사용으로 인한 연체 문제를 발생치 않게 할 수 있으며, 규모 있는 소비활동을 통한 신용도 향상에도 많은 도움을 얻을 수 있어 사회 초년생 등의 신용 생활에 적합하다.

신용카드, 직불카드, 체크카드 비교

	신용카드	직불카드	체크카드
사용 가능 장소	신용카드 가맹점	직불카드 가맹점	신용카드 가맹점
지급 방식	신용제공(외상 구매)	전자자금이체	전자자금이체
이용 한도	신용한도액	예금 잔액	예금 잔액
결제 방법	선구매 후결제	구매와 동시와 결제	구매와 동시와 결제
승인 절차	신용한도액 신용불량 여부	비밀번호 예금 잔액 확인	예금 잔액 확인
이용 가능 시간	24시간	은행공동망 가동시간	24시간(심야 및 특정 점검 시간 제외)
할부 구매	가능	불가능	제한적 가능
현금서비스	가능	불가능	제한적 가능
소득공제	연봉의 일정 비율을 초과하는 사용 금액의 일정 부분		

주) 소득공제 비율은 경제 상황에 따라 자주 변함

티머니

　대한민국 충전식 교통카드의 상징인 티머니(T-money)는 2004년 7월에 서울특별시가 대중교통 체계를 개편하면서 새 교통카드로 도입되었다. 티머니는 최초의 진정한 전국 호환 교통카드로 교통카드 시스템이 없는 지역을 제외한 대한민국 전역의 대중교통에서 사용할 수 있다. 현재 티머니 카드 발행 및 관리는 서울특별시에서 출자하여 설립된 한국스마트카드가 담당하고 있다.

　티머니의 형태와 디자인은 소비자의 까다로운 성향에 대응하면서 갈수록 다양화되고 있다. 단순히 선불카드 티머니는 카드 형태 외 휴대폰 고리, 손목시계, 캐릭터 상품 등의 형태로 판매되고 있다. IC칩이 내장된 일종의 전자화폐 티머니는 위·변조, 해킹, 개인정보 유출 방지 등의 기능이 높으며, 사원증, 회원 카드, 휴대폰, 학생증 등에도 장착하여 사용하고 있다. 그뿐만 아니라 더욱 편리하고 다양한 서비스 제공을 위해 티머니가 금융기관, 유통회사, 이동통신사 등 제휴사와 협력하여 발급되는 사례가 빠르게 증가하고 있다.

　현재 티머니는 광범위한 충전/판매망(지하철, 편의점, 가판 등)을 지니고 있으며, 모든 대중교통수단과 교통 관련 시설 등뿐만 아니라 다양한 장소에서 화폐처럼 사용할 수 있다. 예컨대 고궁, 박물관, 놀이시설 등 문화 생활시설, 편의점, 피시방, 서점, 자판기 등 편의시설, 주차장 및 기타 무인기기/인터넷 가맹점 이용 등에도 화폐처럼 활용할 수 있다. 최근에는 결제 이외에 교통 마일리지 서비스 등 부가서비스를 단계적으로 확대하고 있으며, 사용 금액에 대해서는 연말 소득공제 혜택도 받을 수 있다. 청소년과 어린이에 대해서는 할인요금이 적용된다.

|전자결제

　최근 지급결제의 한 방법으로 지급인과 수취인 간에 현금, 수표 등 지급수단을 직접 교환하지 않고 결제 당사자의 예금계좌 간 자금 이체로 지급이 이루어지는, 현금 흐름 없이 서로 다른 계좌 간 입출금이 이루어지는 계좌이체가 보편화되고 있다. 대부분 전자를 통하여 이루어지기 때문에 보통 전자결제(electronic funds transfer)라고 부른다.

국내 전자결제시스템

　우리나라에서 대표적인 전자결제는 금융기관 간 거액 결제 거래 시 사용되는 한국은행 금융결제망(BOK Wire)에서 시작되었다. 하지만 최근 들어 금융결제원에서 운영하는 CD/ATM기, 폰뱅킹(전화), 홈뱅킹(PC 인터넷), 모바일 뱅킹 등 금융기관과 고객 간의 구축된 네트워크를 통한 고객 간의 소액결제가 매우 활발하게 이용되고 있다. 이외에도 신용카드사가 운영하는 신용카드 결제 시스템, 이동 통신회사가 운영하는 모바일 결제 시스템, 전자화폐 발행기관이 운영하는 전자화폐 결제 시스템 등 다양한 형태의 소액결제 시스템들도 활발하게 운영되고 있다.

　현재 금융결제원의 소액결제시스템은 어음교환시스템, 지로시스템, 은행공동망, 전자상거래 지급결제시스템 등으로 구성되어 있다.

+ 어음교환시스템(어음, 수표 등 장표 방식 지급수단의 교환 결제)

+ 지로시스템(급여, 공과금, 보험료 등 정기적으로 소액 대량 자금 이체)

+ 은행공동망(은행 간 공동전산망을 통한 온라인송금, 잔액조회 등)

- 현금자동인출기(CD) 공동망 : 소액 인출·입금·송금

- 타행환공동망 : 1억 원 이하의 타 은행 앞 송금

- 지방은행공동망 : 지방은행 거래 고객 전용 예금·대출거래망

- 자금 관리 서비스(CMS)공동망 : 급여, 보험료 등 소액 대량 자금 이체

- 직불카드공동망 : 직불카드를 이용한 물품구매 대금 결제

- 전자화폐(K-CASH) 공동망 : 은행 공동발행 전자화폐 사용 대금 결제

- 전자금융공동망 : 인터넷 뱅킹, 텔레뱅킹, 모바일 뱅킹 등을 이용한 10억 원
  이하의 송금

+ 전자상거래 지급결제시스템

- 기업과 개인 간(B2C) 전자상거래 지급결제시스템 : 개인의 인터넷 구매 대
  금 결제

- 기업 간(B2B) 전자상거래 지급결제시스템 : 기업 간 인터넷 구매 대금 결제

지로

계좌이체는 전자결제를 통하지 않고서도 가능하다. 가장 대표적인 것이 우리가 일상 이용하는 것이 지로이다. 지로(giro, 이탈리아어에서 기원)란 일상 거래에서 발생하는 채권·채무의 결제나 각종 자금 이전을 지급인과 수취인이 직접 현금이나 수수료를 주고받는 대신, 금융기관의 예금계좌를 이용하는 지급결제제도이다. 주로 대량 수납 및 대량 지급 거래 등 많은 사람과의 자금 이체를 중계센터로 처리하는 소액 대량 지

급수단으로 활용된다. 그리고 지로는 시스템의 안전성이 보장되며, 거래 상대방을 만날 필요 없이 수취인에게 지급 내용(지급인, 지급 목적 등)이 통보되므로 격지 간 대금결제에 편리하다. 또한 결제금액과 관계없이 건별로 소액의 수수료를 부과하기 때문에 자금 이체에 따른 수수료 부담도 적다.

현재 지로는 통신료, 보험료, 도시 가스요금, 신문구독료, 각종 물품 대금, 각종 사용료 등의 결제 수단으로 많이 이용되고 있는데, 이에는 장표 지로와 전자 지로가 있다. 장표 지로는 지로 번호를 부여받은 이용 기관이 수납할 금액과 내용을 기재한 지로 장표를 고객에게 고지하고 고객이 지로 대금을 은행에 납부하면, 각 은행을 통해 수납된 대금을 이용 기관이 지정한 계좌(지로 계좌)에 일괄 입금하고 그 내용을 인터넷 등을 통해 통지해 주는 서비스이다. 그리고 전자 지로에는 각종 대금의 수납 및 지급의뢰 때 인터넷 또는 전송 파일을 이용하여 전자적으로 처리하는 서비스이며, 이에는 자동이체, 납부자 자동이체, 대량 지급 및 인터넷 지로 등이 있다. 최근에는 전자 지로를 이용해 각종 공과금이나 적금, 신탁적립금, 부금, 청약저축금, 회비 등 송금할 금액과 송금 일자가 일정한 자금의 자동이체를 위해서도 많이 사용된다. 그리고 회사나 기관에서 일시에 많은 사람에게 대금을 지급하고자 할 때도 전자 지로가 많이 이용된다.

지로 거래는 현재 모든 은행 등의 점포(우체국, 새마을금고, 신용협동조합, 상호저축은행 포함)를 수납 또는 지급 창구로 활용할 수 있다. 지로는 직접 수납 또는 지급하는 데 드는 비용이나 온라인송금 등 다른 지급결제서비스에 비하여 수수료가 매우 저렴하다. 그뿐만 아니라 예금계좌에 자금이 있어야 납부(또는 출금) 처리되므로 어음·수표거래에서 발생하는 부도나 위·변조 위험이 없어 점점 그 사용이 늘어가고 있다.

4장
전자화폐와
디지털 금융

　최근 4차 산업혁명을 계기로 모바일 간편결제서비스 수단이 등장하면서 지급결제에 획기적인 변화가 일어나고 있다. 4차 산업혁명(The Fourth Industrial Revolution)은 2016년 스위스 다보스 세계경제포럼에서 논의의 중심이 되면서 전 세계적으로 거센 변화를 일으키고 있다. 금융산업에서도 4차 산업혁명의 기반 기술들이 교차 활용되면서 놀라운 패러다임 변화가 일어나고 있다. 금융업무의 디지털화가 가속되고, 금융거래에서도 온라인·모바일화가 심화하고 있다. 전통적인 금융회사 이외에 IT와 금융을 접목한 핀테크(Fintech) 회사, 빅텍(Big Tech)이라 불리는 대형 IT·플랫폼 회사 등의 금융업 진출이 활발해지고, 모바일 간편결제서비스가 등장하면서 지급결제시장에서의 혁명이 일어나고 있다.

|전자화폐와 간편결제

전자화폐

전자화폐는 과거의 실제 종이돈을 통해 거래하는 방식이 아닌 전자적인 방식으로 송금, 지급, 거래 등을 할 수 있는 디지털화된 화폐를 의미하는 개념으로 사용되고 있다. 지금 전자화폐를 이야기할 때는 크게 중앙화된 전자화폐와 비 중앙화된 가상화폐(virtual currency)로 구분한다. 먼저 중앙화된 전자화폐는 중앙은행이나 정부에 의해 발행되고 관리되는 전자화폐이다. 대표적으로 디지털 원화, 디지털 달러와 같은 중앙은행 디지털 화폐(CBDC: central bank digital currency)가 이에 해당한다. 중앙화된 전자화폐는 기존의 화폐와 1:1로 교환되는 것이 특징이며, 정부와 중앙은행의 신뢰를 기반으로 한다. 중국의 DCEP(digital currency electronic payment)는 현재 중국 주요 지역에서 시범 운용 중이다. 최근 우리나라를 포함한 대다수 국가가 중앙은행 디지털 화폐(CBDC)를 전자화폐로 사용하려고 법정화폐와의 호환성과 안정성을 연구 중이다. 그리고 비 중앙화된 가상화폐는 분산원장 기술로 구축된 디지털 통화이다. 중앙 기관 없이 분산원장 기술인 블록체인을 기반으로 발행되고 운영되는 비트코인, 이더리움 등의 암호화폐(cryptocurrency)도 포함한다. 그러나 우리나라에서는 가상화폐라고 하면 암호화폐를 일컫는 경향이 있다.

전자화폐는 물리적인 형태가 없고, 인터넷이나 전자 장치를 통해 사용되는 현대의 금융시스템에서 중요한 요소로 자리 잡고 있다. 전자화폐는 현금 없는 사회를 이끌어갈 미래의 화폐로서 큰 가능성을 가지고 있어 디지털화와 세계화의 흐름에 부응하는 혁신적인 결제 수단이라 할 수 있다. 현재 전자화폐는 자신만이 알 수 있는 비밀 전자 번호로 분실 도난 시 부정 사용을 방지할 수 있는 장점이 있어 인터넷, 스마트폰, 카드 등 다양한 방식으로 사용되고 있으며, 소액결제, 온라인 거래 등에 편리하고 저렴한 결제 수단으로 활용되고 있다. 이미 많은 국가와 기업, 개인이 사용하고 있으며, 앞으로 더욱 성장하고 발전할 것으로 예상된다.

금융 용어 따라잡기
과거의 전자화폐(IC형, 네트워크형)

대략 1990년에서 2010년 사이 전자화폐가 개발되면서 상당한 관심을 끌었다. 당시 전자화폐(electronic money)가 처음 등장하였을 때 전자화폐는 가치저장 매체에 따라 IC 카드형과 네트워크형으로 구분하였다. IC 카드형은 플라스틱 카드 위에 부착된 IC칩에 화폐가치를 저장하였다가 상품이나 서비스를 구매한 후 가맹점용 단말기 등을 통하여 대금을 지급하는 형태이다. 외국에서는 마스터카드의 몬덱스가 가장 유명하고, 국내에는 K-Cash(2020년 서비스 종료), VisaCash, MYbi 등이 있었다. 하지만 기술이 더욱 발달한 지금은 각종 카드에 IC칩을 부착하여 사용되고 있어 IC 카드형 전자화폐가 따로 구별되어 사용되고 있지 않다. 한편 인터넷 네트워크를 통하여 구매 대금을 지급하는 형태의 네트워크형 전자화폐도 한때 다양하게 개발·사용되었지만, 이것 역시 지금은 사용되지 않고 있다.

간편결제

코로나19 팬데믹 이후 전 세계적으로 전자상거래 거래가 확대되면서 이에 필요한 결제 수단이 개발되고, 디지털 기술의 발전과 모바일 사용의 증가를 배경으로 간편결제가 빠르게 확산하고 있다. 간편결제는 어떤 새로운 결제 수단을 의미하는 것이 아니고, 온라인과 오프라인 상거래에서 사용되는 다양한 결제 수단을 이용하여 빠르고 간편하게 결제하는 전자결제 서비스를 일컫는다. 기존 모바일 결제는 액티브X, 키보드 보안프로그램 등 각종 플러그인을 설치하고 매번 카드 정보나 개인 정보를 입력해야 하는 번거로움이 있었다. 하지만 스마트폰, 스마트워치 등 기기에 저장된 생체정보, 신용카드 정보 등을 이용하여 바로 결제되기 때문에 추가적인 인증 수단이 필요하지 않다. 현재 간편결제서비스를 위해 지문, 홍채, 손바닥 정맥 등 생체정보를 이용한 생체인식 결제, 근거리무선통신(NFC) 방식, QR코드(QR code) 방식, 마그네틱안전전송(MST) 방식, 일회용 가상 카드번호를 활용하는 앱카드 결제 방식 등이 이용된다.

+ 근거리무선통신(NFC) 방식: RFID 기술 중 하나로 13.56MHz 대역의 주파수를 이용해 10cm 이내의 가까운 거리에서 다양한 무선 데이터를 주고받는 비접촉식 통신 기술을 사용한 방식
+ 마그네틱안전전송(MST) 방식 : 마그네틱 신용카드 정보를 결제하는 방식이다. 루프 안테나와 신용카드 정보를 담은 스마트폰을 신용카드 결제 단말기에 대면 무선으로 전송시켜 단말기가 신용카드 정보를 자동으로 읽어 들여 결제하는 방식

우리나라에서 간편결제서비스는 공인인증서의 의무가 폐지된 2015년 등장했으며, 별도의 전용 앱을 설치하는 경우도 있지만, 앱 설치가 없어도 결제할 수 있다. 앱을 설치하더라도 신용카드 등록이 필요한 곳이 있고, 등록하지 않아도 사용할 수도 있다. 그동안 온라인 결제 사업에 집중해 온 간편결제 업체가 오프라인 시장을 두고 본격적인 경쟁을 하고 있다. 세계 시장에선 미국의 애플·구글 등, 중국의 알리바바·텐센트 등 글로벌 IT 거물들이 간편결제 시장을 지배하고 있다. 우리나라에서는 현재 삼성페이, 카카오페이, 네이버페이, 페이코 등이 대표적이다.

모바일 간편결제서비스는 기기에 저장된 생체정보, 신용카드 정보 등을 이용하여 온오프 라인 상거래에서 빠르고 간편하게 결제할 수 있어서 실제 '현금 없는(cashless) 사회'가 도래할 것이라는 의견이 나올 정도로 우리 금융거래 생활에 큰 화를 주고 있다. 스마트폰 보급률이 성인 기준 95%에 달하는 상황에서 간편결제와 간편송금 등의 편리성이 널리 인식되면서 20~30대를 중심으로 급격하게 증가하고 있다. 특히 코로나19 팬데믹 이후 재화, 서비스 구매 단계에서 비대면, 비접촉을 추구하는 소비자의 증가로 소위 비접촉(untact) 마케팅이 떠오르며 그 이용은 매우 빠르게 증가하고 있다.

우리나라 사람들은 어떤 지급결제 수단을 주로 쓸까?

 2021년 한국은행 설문조사에 의하면 개인들은 신용카드를 금액 및 건수 기준 모두 가장 많이 이용하고 있다. 그다음으로 금액 기준으로 체크/직불카드이고, 건수 기준으로는 현금을 많이 사용하고 있다. 2019년과 비교하여 현금 사용이 줄어들고, 신용카드 사용이 소폭 줄었다. 대신 계좌이체, 선불카드 전자화폐, 모바일 카드 등이 빠르게 사용되고 있다. 한편 우리나라는 카드 이용 대부분이 신용카드에 집중되어 있고, 직불카드 이용 비중은 주요 선진국에 비해 크게 낮은 것이 특징이다.

| 지급 수단별 이용 비중 |

	금액 기준		건수 기준	
	2019	2021	2019	2021
현금	17.4	14.6	26.4	21.6
신용카드	53.8	49.5	43.7	43.4
체크/직불카드	15.3	16.9	19.2	18.1
계좌이체	8.0	10.0	3.0	3.2
선불카드 전자화폐	0.5	1.3	2.5	3.5
모바일 카드	3.8	6.6	3.8	9.0
기타			1.3	1.2

출처: 한국은행 지급결제연구·조사 자료(2022.5.)

|4차 산업혁명과 디지털 금융

4차 산업혁명이란 3차 산업혁명인 디지털 혁명의 탄탄한 기반하에 디지털과 바이오산업, 물리학 등 3개 분야의 융합된 기술들이 경제체제와 사회구조를 급격히 변화시키는 기술혁명으로 정의하고 있다. 주요 기반 기술은 IoT(사물인터넷), 빅데이터, AI(인공지능), 로봇 등을 들고 있다. 금융산업에서도 핀테크, 크라우드 펀딩, 블록체인 등을 통해 전 세계에 디지털 금융 혁명을 몰고 오고 있다.

4차 산업혁명

1차 산업혁명은 1760~1840년 영국에서 철도·증기기관의 발명 이후의 기계에 의한 생산이 이루어진 시기를 말한다. 2차 산업혁명은 19세기 말~20세기 초 미국에서 발명된 전기를 통해 생산 조립설비 등 대량생산 체계 구축된 시기를 말한다. 3차 산업혁명은 1960년대 반도체와 메인프레임 컴퓨팅, 1970~1980년대 PC, 1990년대 인터넷 등의 발달로 도래한 정보통신기술 시기를 말한다.

현재 진행 중인 4차 산업혁명은 3차 산업혁명을 주도한 ICT 기술을 기반으로 여러 기기가 지능화되고 모든 사물이 연결되는 새로운 변화를 추구하고 있다. 4차 산업혁명의 주창자이자 WEF 회장인 클라우스 슈바프는 자신의 책 〈4차 산업혁명〉에 구체적으로 IoT(사물인터넷), 빅데이터, AI(인공지능), 로봇 등의 기반 기술들이 융복합 형태로 발전하여 경제·산업·사회의 변화를 유발하는 '과학기술 혁신 중심의 패러다임 변화'로 규정하고 있다. 특히 4차 산업혁명은 미래 사회의 고용구조인 일자리 지형을 변화시킬 것으로 전망된다. 자동화 기술 및 컴퓨터 연산 기술의 향상 등은 단순·반복적인 사무행정직이나 저숙련 업무와 관련된 일자리에 직접적으로 영향을 미쳐 고용률을 감소시킬 것으로 전망된다. 반면 앞으로 우리가 상상하지 못하는 영역에서 새로운 직업이 창출될 가능성이 크다. 예컨대 빅데이터, 인공지능 등 기술의 발달로 인문, 과학기술, 경영 등의 지식 활용이 더욱 쉬워지면서 관련 분야의 일자리가 많이 증가할 것으로 보인다.

제1차 산업혁명	제2차 산업혁명	제3차 산업혁명	제4차 산업혁명
18세기	19-20세기 초	20세기 후반	(2차 정보혁명) 21세기 초반~
증기기관 기반의 기계화 혁명	전기 에너지 기반의 대량생산 혁명	컴퓨터와 인터넷 기반의 지식정보 혁명	빅데이터, AI, IoT 등의 정보기술 기반의 초연결 혁명

핀테크

금융에도 핀테크란 이름으로 4차산업의 기술이 지급결제시장을 중심으로 스며들고 있다. 핀테크(FinTech)란 금융(finance)과 기술(technology)의 합성어로, 금융과 모바일 정보통신(IT)기술이 합쳐진 금융 서비스 산업을 의미한다. 핀테크는 스마트폰, 인터넷을 통해 간편하게 금융업무를 처리할 수 있도록 해주기 때문에 전 세계 주요 IT 기업들은 금융업을 새로운 먹거리로 보고 경쟁적으로 핀테크에 뛰어들고 있다. 애플은 모바일 결제 서비스 '애플페이'를 출시하고, 구글, 아마존 등도 핀테크 시장에 진출하고, 우리나라에서는 대표적으로 온라인 메신저 업체인 카카오가 제공하는 '카카오페이', 네이버의 '라인페이', 삼성의 '삼성월렛' 등이 있다.

금융 용어 따라잡기

핀테크와 테크핀

핀테크와 이름이 비슷한 테크핀이 있다. 핀테크와 테크핀은 비슷해 보이는 기술이지만 금융회사 또는 ICT 기업 둘 중에서 어떤 곳에 중점을 두는 것에 따라서 이름이 달라진 것이다. 핀테크(Fintech)는 은행, 카드사 같은 금융기관이 기존 금융서비스에서 ICT를 도입한 것이지만, 테크핀(Techfin)은 ICT 기업이 독자적인 기술을 바탕으로 차별화된 금융서비스를 만들어 내는 것이다.

핀테크(Fintech)	테크핀(Techfin)
금융과 ICT의 합성어	ICT와 금융의 합성어
은행, 카드사 같은 금융기관이 기존 금융서비스에 ICT를 도입하는 것	ICT 기업이 독자적으로 기술을 바탕으로 차별화된 금융서비스를 만들어 내는 것
금융회사 주도, '금융+ICT'	IT 기업 주도, 'ICT+금융'
핀테크는 기술보다 금융을 강조	테크핀은 금융보다 기술을 강조

크라우드 펀딩

크라우드 펀딩(crowd funding)은 온라인 플랫폼(중개업자)을 통해 다수의 개인으로부터 자금을 조달하는 금융서비스이다. 자금수요자가 은행 등 금융중개기관을 거치지 않고 직접 자금공급자를 모집하는 새로운 방식의 자금조달 수단이다. 여기에 관여된 세 행위 주체로는 ① 아이디어 또는 프로젝트 기획자(자금수요자) ② 아이디어를 지원·전파하는 다수의 개인 또는 집단(자금공급자) ③ 아이디어를 실행하도록 이끄는 중개자 또는 조직(플랫폼) 등이다.

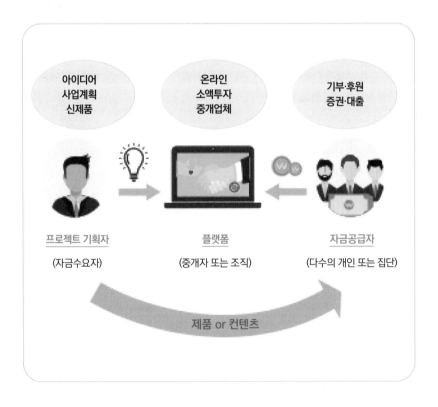

크라우드 펀딩은 자금모집 방식 및 목적에 따라 크게 후원(기부)형, 대출형, 투자(증권)형 등으로 구분된다. 후원(기부)형은 예술·복지 등의 분야에서 프로젝트에 자금을 후원하거나 단순하게 기부하는 것이다. 대출형은 자금이 필요한 개인, 소규모 사업자 등에 소액 대출을 지원하는 유형으로 P2P 대출처럼 대출금에 대한 이자 수취가 목적이다. 그리고 투자(증권)형은 투자 금액에 비례한 지분취득과 이익배당을 목적으로 하며, 창의적인 아이디어나 기술을 가진 창업기업 등이 초기 사업자금을 조달하는 데 유용하다.

블록체인과 암호화폐

우리나라에서는 블록체인과 암호화폐를 '블록체인 기반 암호화폐'의 줄임말로 쓰는 경향이 있으나 엄밀히 둘은 다른 개념이다. 블록체인(blockchain)은 분산 컴퓨팅 기술 기반의 데이터 위변조 방지 기술이다. 블록체인은 P2P(peer-to-peer) 방식, 즉 중앙 서버를 거치지 않고 클라이언트 컴퓨터끼리 직접 통신하는 방식을 기반으로 한다. 즉, 소규모 데이터들이 사슬 형태로 무수히 연결되어 형성된 '블록'이라는 분산 데이터 저장 환경에 관리 대상 데이터를 저장함으로써 누구도 임의로 수정할 수 없고, 누구나 변경의 결과를 열람할 수 있다. 블록체인은 중앙 서버에 거래 기록을 보관하는 것과는 달리 모든 사용자에게 거래 기록을 보여주며 서로 비교해 위조를 막을 수 있다. 블록체인과 암호화폐와는 밀접한 관계가 있지만 블록체인이 암호화폐에만 사용될 수 있는 기술은 아니다. 실제로 블록체인을 응용한 기술이나 서비스가 다양하게 개발되고 있다.

한편 암호화폐(가상화폐)는 원래 결제 수단의 하나로 탄생했지만, 수요가 커지면서 가격이 급등하면서 지금은 금과 같은 하나의 투자자산으로 여겨지면서 사용되고 있다. 암호화폐에는 다양한 종류가 있지만 크게 비트코인과 이더리움이 대표적이다. 먼저 비트코인(Bitcoin)은 각 블록에 포함된 거래 내용이 악의적인 공격자에 의해 변조되지 않았는지를 검증하고, 정상적인 블록만 남기기 위해 작업증명(proof-of-work) 방식을 도입한다. 퍼블릭 블록체인의 첫 번째 구현은 채굴이라는 방식을 통해 수많은 노드(블록체인 네트워크의 참여자) 중 누군가가 직접 이전 블록들과 연결되는(체인에 해당) 새로운 블록을 만들어 내면서 성공하였다. 하지만 단순 화폐(가치) 교환수단만 있을 뿐 이더리움과 같은 복잡한 기능은 없는 것으로 평가되고 있다.

이더리움(Ethereum)은 2014년 등장한 스마트 콘트랙트를 구현한 블록체인 플랫폼이다. 하나의 암호화폐가 하나의 블록체인에서만 거래되던 기존의 패러다임을 바꿔 여러 암호화폐가 하나의 블록체인에 거래된다. 단순한 분산원장 수준에 머물러 있던 블록체인을 수많은 서비스에 적용할 수 있게끔 탈바꿈시킨 혁신적인 시스템으로 평가된다. 가치저장의 수단으로서만이 아니고 그 안에 애플리케이션을 구동하고, 증권 등 자산을 만들고, 계약도 할 수 있는 비즈니스 플랫폼으로서의 가치를 가진다. 그래서 비트코인부터 이더리움 이전까지를 1세대, 이더리움부터를 2세대 암호화폐, 2세대 블록체인 등으로 불리고 있다. 현재 비트코인과 이더리움 이외에 아류 암호화폐가 다양하게 생겨나오면서 거래되고 있다.

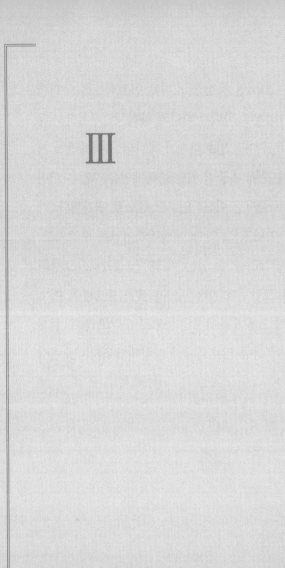

III

금융시장과 주식·채권

5장
금융시장의 구조

금융(finance)을 한마디로 정의하기는 어렵지만 간략히 경제주체 간 자금흐름이라 할 수 있다. 금융시장(financial market)은 자금의 수요와 공급을 통해 자금흐름이 이루어지는 장소를 말하며, 물리적으로 존재하는 시장뿐만 아니라 금융 행위가 발생할 수 있는 가상의 공간을 모두 포함하고 있다. 현대사회에서 금융시장이 존재하지 않는다면 우리의 금융 생활은 상상도 할 수 없을 정도로 불편해지고, 사회 전체의 생산성 및 효율성이 떨어질 것이다. 우리가 현금이나 신용카드로 물품을 구매하는 것도, 인터넷 뱅킹이나 모바일 뱅킹을 이용하여 송금하는 것도, 자동이체 서비스로 매달 공과금을 내는 것 등도 이루어지기 어렵다.

|금융시장의 기능

금융시장의 기능은 여러 가지가 있지만 그중에서 가장 주요한 기능은 자금 이전 기능과 가격결정 기능이라 할 수 있다. 그 밖에도 금융시장에는 정보 전달, 위험 방지, 유동성 창출, 그리고 시장규율 등의 기능이 있다.

자금 이전과 가격결정 기능

자금 이전 기능은 여유자금을 가진 사람들의 돈을 모아서 자금이 필요한 사람에게 전달하는 기능이다. 이를 쉽게 이해하기 위하여 사람(또는 가계)을 흑자 단위와 적자 단위로 이분(二分)하여 보자. 흑자 단위란 소득이 지출을 초과하는 자금의 공여자를 의미하며, 이들은 대개 저축자 또는 대출자에 해당한다. 이와 반대로 적자 단위는 소득이 지출보다 적은 자금의 수요자를 의미하고, 이들은 대개 좋은 투자 기회를 보유하고 있음에도 불구하고 자본이 부족한 투자자 또는 차입자에 해당한다. 만일 금융시장이 존재하지 않는다면 저축자는 여유 자본에 대한 이자소득을 포기해야 하며, 투자자는 자본 부족으로 좋은 투자 기회를 상실하게 된다. 하지만 금융시장이 존재하기 때문에 자금 이전이 가능하여 저축자는 이자소득을 얻을 수 있고, 투자자는 차입금으로 좋은 프로젝트에 투자함으로써 소득을 증가할 수 있게 된다. 이처럼 금융시장은 여유 자본이 존재하는 저축자(공급)와 투자 기회를 보유하고 있는 투자자(수요)를 연결하게 해 경제 전체의 효율성을 높인다.

그리고 가격결정 기능은 금융시장은 금융상품의 가격을 결정하는 또 다른 중요한 기능이다. 우리가 시장에서 물건이나 서비스를 구매할 때 적절한 가격을 지급하듯이 금융시장에서도 상품시장이나 서비스 시장에서처럼 거래에 대한 비용이 존재한다. 돈을 사고팔면서 돈에 대한 비용이 존재한다는 것이 이상하게 생각될 수 있는데, 우리가 학자금을 대출받거나 주택 마련을 위해 대출을 받을 때 일정한 이자를 제공하는 것처럼 바로 이자율이 금융시장의 가격이 되는 것이다. 금융자산의 매입자와 매도자 모두 서로 만족하는 가격(이자율)을 끊임없이 제시함으로써 금융상품에 대한 시장가격을 결정한다.

기타 기능

첫째, 정보 전달 기능이다. 효율적인 자금 중개를 위해서는 원활한 정보 흐름이 뒷받침되어야 한다. 금융시장 내 금융기관은 정보 부재 때문에 저축자와 투자자 사이의 자금순환이 되지 못하는 것을 방지한다. 정보가 부족하여 새로운 투자처를 찾는 흑자 단위가 좋은 투자 기회를 보유하고 있는 적자 단위를 찾는 데 고비용이 발생하거나, 반대로 적자 단위가 흑자 단위를 찾아 자금을 융통하는 데 높은 비용이 발생한다면 저축자와 투자가 사이의 자금순환이 발생하지 않을 것이다. 하지만 금융시장은 상대방에 대한 다양한 정보를 획득할 수 있게 함으로써 정보비용을 낮추면서 거래를 성립하게 한다.

둘째, 위험 방지 기능이다. 금융시장은 경제 활동에서 발생할 수 있는 여러 가지 위험을 효과적으로 관리하는 수단을 제공한다. 경제학에서 위험(risk)은 경제 현상이나 결과가 예상이나 기대와 달라지는 것을 말하는데 금융시장이 잘 작동하면 심각한 가격변동이나 유동성 제약으로 인해 거래할 수 없거나, 거래가 가능하더라도 높은 거래비용에 따른 손실 발생을 방지하여 불확실성을 줄이거나, 다양한 위험도를 갖는 금융상품을 동시에 보유함으로써 위험을 분산할 수가 있다. 또한 옵션이나 선물과 같은 파생금융상품을 위험관리 수단으로 활용함으로써 투자위험을 줄일 수 있다.

셋째, 유동성 창출 기능이다. 유동성이란 기업의 자산을 필요한 시기에 손실 없이 화폐로 바꿀 수 있는 안전성의 정도를 나타내는 경제학 용어이다. 예를 들어 개인이 재산 증식을 목적으로 투자 대상을 선택할 때 그 대상을 자신이 원하는 시기에 바로 현금으로 전환할 수 있는지를 따지는데, 바로 현금으로 전환할 수 있는 정도를 유동성이라 한다. 금융시장은 금융시스템을 통해 공장, 부동산 등 실물자산보다 유동성이 높은 금융자산을 창출한다.

넷째, 시장규율(market discipline) 기능이다. 금융시장은 시장에 참가하는 금융기관을 감시하고 평가하는 규율 기능을 가지고 있다. 이 기능은 금융기관의 건전성에 긍정적인 영향을 미친다. 예를 들어 부실 위험 등 평판이 양호하지 못한 금융기관에 대해서는 소비자들이 고금리를 요구하거나 자금을 회수하기 때문에 스스로 높은 평판을 유지하기 위해 건전한 경영활동을 하게 된다.

|직접금융시장 vs 간접금융시장

    금융시장은 또한 여러 각도에서 구분되어 설명된다. 그중에서도 가장 대표적인 구분이 직접금융시장과 간접금융시장이다.

직접금융시장

    직접금융시장이란 자금 공여자로부터 자금 차입자에게 증권발행을 통하여 직접 자금이 이전되는 시장을 일컫는다. 자본시장(capital markets)이라 혼용되어 불리고도 있다. 자금의 조달 및 운용상 흔히 자금 부족을 보이는 기업, 정부 등 적자 경제주체가 가계 등 흑자 경제주체로부터 필요한 자금을 장기로 조달하는 시장이다. 일반적으로 직접금융시장에 사용되는 대표적인 증권은 채권과 주식을 일컫는다.

    채권(bonds)은 국가, 기업 등의 발행자가 소유자에게 고정적으로 이자와 비슷한 개념인 쿠폰(coupon, 이표)과 액면가 등을 지급할 것을 약속한 증권이다. 투자자의 관점에서 채권은 발행자의 파산위험이 전혀 없지는 않지만 비교적 다른 자본시장 금융상품에 비해 수익성과 안정성 및 유동성이 높은 금융상품으로 여겨지고 있다. 그리고 주식(stocks)은 기업 수익에서 채권보유자에게 이표와 액면가 등을 지급한 후 나머지를 가지고 주식 소유자(주주)에게 일정 부분(배당금)을 지급할 것을 약속한 증권이다. 배당금은 채권의 이자와 달리 일정하지 않고 경제나 경영 상황에 따라 변화한다. 예컨대 경기가 호조를 보일 때 기업

수익이 증가하여 기업가치가 상승하면서 주가가 올라가고, 배당금이 증가한다. 반대로 경기가 부진해지면 기업 수익이 하락하고 주가는 내려가며 배당금도 감소하게 된다. 만일 기업의 영업 수익이 적자를 기록하게 되면 배당금을 받기 어렵다.

물론 현실 세계에서는 너무나 많은 자금 공여자와 차입자가 만나 직접 자금이 전달되기는 매우 어렵다. 따라서 증권회사와 같은 금융기관은 직접금융시장에서 자금 공여자와 자금 차입자가 쉽게 만날 수 있도록 이를 중개하는 역할을 한다.

직접금융시장과 간접금융시장

간접금융시장

간접금융시장은 공여자의 자금이 차입자에게 은행 등 금융중개 기관을 통하여 이전되는 시장을 말한다. 개인이 직접 투자할 때 일부 대기업을 제외하고는 대부분 어디에 투자해야 하는가에 대한 정보가 부족할 뿐만 아니라 일반적인 금융거래에 수반되는 변호사 비용, 수수료(commission, fee) 등 거래비용 등이 매우 부담되므로 은행 등의 금융중개기관을 통한 간접금융을 선택한다. 실제로 모든 국가에서의 개인은 직접금융보다 간접금융을 더욱 선호하고 있다. 개인이 은행에 돈을 맡기면 은행은 그에 맡겼다는 증서(통장 등)를 주고, 은행은 다시 그 돈을 이용해 자금이 필요한 기업이나 가계에 대출하거나 금융시장에서 다양한 금융상품에 투자하여 수익을 창출함으로써 고객에게 이자라는 형식으로 되돌려 준다.

그러면 개인에게 어려운 직접금융의 형태가 금융중개기관에서는 어떻게 가능한가? 왜냐하면 금융중개기관은 정보 부족의 문제를 쉽게 해결할 수 있기 때문이다. 대부분 차입자가 금융기관에 자신의 계좌(account)를 가지고 있으므로 금융기관들은 자연히 많은 정보를 공유한다. 그뿐만 아니라 금융기관 내부에 대출 대상 기업을 조사하고, 심사하는 부서에서 개인이 가지지 못하는 정보를 가질 수 있다. 또한 수많은 개인으로부터 작은 규모의 자금을 모아 큰 규모의 자금으로 만들 수 있으므로 거래비용도 절감시킬 수가 있다. 예컨대 만일 1,000만 원 대출 계약의 거래비용이 10만 원 든다면 1억 원의 대출 계약의 거래비용은 10만 원의 10배인 100만 원보다 훨씬 적다. 규모가 커질수록 비용이 절감되는 '규모의 경제' 효과가 작용하기 때문이다. 그뿐만 아니라 금융기관 내부에는 조사와 심사 등을 위한 전문 지식과 경험이 많은 금융전문가들이 있어서 효율적인 운용이 가능하여 일반 개인보다 거래비용을 큰 폭으로 줄일 수 있다.

|단기금융시장 vs 장기금융시장

화폐시장이라고도 불리는 단기금융시장(money markets)은 가계, 정부, 기업 또는 금융기관 등이 단기자금의 과부족을 조절하기 위하여 단기금융상품을 거래하는 시장이다. 일반적으로 금융시장은 거래 금융상품의 만기를 기준으로도 단기금융시장과 장기금융시장으로도 구분할 수 있다. 보통 만기 1년 이내의 금융자산이 거래되는 금융시장을 단기금융시장, 만기 1년 이상의 장기채권이나 만기가 없는 주식이 거래되는 시장을 장기금융시장이라고 한다.

단기금융시장

단기금융시장은 보통 만기가 짧고(1년 이하), 유통시장의 기능을 중시한다. 단기금융시장에서 거래되는 금융상품의 수익률은 시장 상태나 일반적인 금리 수준에 민감하게 변화한다. 하지만 가격변동이 높지 않으며, 신용위험(상환 불능 위험)이 작아 장기금리에 비하여 금리가 매우 낮다. 주요 단기금융상품으로는 콜, 양도성예금증서, 환매조건부채권, 통화안정증권, 기업어음 등이 있다.

콜(call)은 금융기관들이 일시적인 자금 과부족을 조절하기 위하여 초단기(만기가 1일인 것이 대부분)로 서로 빌려주는 자금을 말한다. 보통 콜 자금을 빌려줄 때 콜론(call loan)이라 하며, 빌릴 때는 콜머니(call money)라고 한다. 현재 국내 콜은 한국자금중개회사와 서울외국환중개 등이 외환과 더불어 중개 업무를 담당하고 있다. 콜 시장에 참가하는 금융기관들은 콜 자금으로 지급준비금을 조절하고, 콜금리는 2008년 3월 한국은행이 기준금리를 도입하기 이전까지 국내 통화정책에 중요한 정책금리로 사용되었다.

양도성예금증서(CD: negotiable certificate of deposit)는 1960년 미국 씨티은행에서 자금을 보다 원활히 조달하고자 하는 금융혁신의 하나로 도입하였다. 우리나라에서는 1984년 6월에 재도입되어 1990년대부터 급속한 신장세를 보이기 시작하였다. 양도성예금증서는 은행이 정기예금에 대해 발행하는 일종의 잔고증명서이다. 소지인에게 원금 및 약정이자를 지급하는 확정이자 증권이며, 무기명으로서 중도 해약이 불가능하나 양도할 수 있다. 만기일(보통 90일) 이전의 유통시장에서 언제든지 사고팔 수가 있어 현금화가 쉬운 주요 단기 금융 수단이다. 은행들이 자금 조달 수단으로 자산운용사 등을 대상으로 발행하며, 발행된 CD의 유통수익률은 대표적인 단기 지표금리로 활용되고 있다. 예금 보호의 대상이 아니지만 상대적으로 정기예금 금리보다 높아 부유층의 단기 자산 증식 수단으로 많이 이용되고 있다. CD 발행은 금리가 높을 때 수요가 많아져 많이 발행되는 특징이 있다.

CD와 불법 자금

CD는 무기명으로 발행되기 때문에 처음 발행할 때와 마지막에 돈으로 바꿀 때만 실명이 밝혀지고 중간에 유통될 때는 누가 구매를 했는지 전혀 드러나지 않는다. 또한 현금이나 수표처럼 부피가 크지 않고 만기 전에 시중에 팔아 쉽게 현금화할 수 있다. 이러한 속성 때문에 과거에는 CD가 뇌물용이나 비자금용 등 자금의 돈세탁 수단으로 악용되는 등 금융사고가 자주 발생했다. 1996년 전두환, 노태우 전 대통령의 비자금 수사 과정에서 불법 선거 자금으로 거액의 CD를 받은 사실이 밝혀졌고, 2002년 대통령 선거에서도 대선자금으로 CD가 제공되면서 관련자들이 구속되는 사례가 발생하기도 했었다. 이러한 문제점 때문에 2006년 하반기부터 금융기관이 보유한 CD에 대해 등록제가 시행되고 있다.

등록제 이후 CD 매매 당사자의 명의 변경 사실을 금융회사에 통보해야 하고, CD 발행과 매매도 실물 증서 없이 전산으로 이뤄지고 있다. 이에 따라 불법 자금이나 편법 증여 수단으로 악용되던 일이 크게 줄어졌다. 또 과거 금융기관 직원이 CD 증서를 위조하는 식으로 고객 돈을 횡령하는 금융사고가 간혹 발생하곤 했는데 등록제가 도입되면서 이런 사고도 크게 줄어들었다.

환매조건부채권(RP: repurchase agreements)이란 기초자산 채권을 일정 기간이 지난 뒤 다시 사주는 조건으로 판매하는 채권을 말한다. 국공채, 우량 회사채, 통화안정증권 등 안전하고 거래가 잘 되는 채권을 기초자산으로 해 RP 채권을 판매하는데, 채권의 보유자는 실제 채권을 매각하지 않고 단기자금을 조달할 수 있는 장점이 있다. RP 거래는 단기 금융시장과 채권 유통시장을 연결하여 발행된 채권의 소화에 크게 기여하고 있으며 장기 채권시장을 안정시키는 역할을 하는 있다. RP에는 한국은행이 단기 통화조절 수단으로 시중은행과 매매하는 종류와 금융기관이 수신 상품의 하나로 고객에게 판매하는 것이 있다. 한국은행이 취급하는 RP는 통화정책에서 가장 대표적인 공개시장조작의 수단으로 활용하고 있다. 예를 들어 설이나 추석 등과 같이 시중에 일시적으로 자금을 공급할 필요가 있을 때 한국은행은 은행 등의 금융기관에 RP를 매각하여 통화를 공급하고, 일정 기간 후에 다시 매입하여 늘어난 통화를 흡수한다. 한편 증권사에서 판매하는 RP는 일정 금리에 다시 되사주는 조건으로 판매하는 확정금리형 수신 상품이다. RP를 판매하는 증권사는 자금을 조달·운용할 수 있고, 이를 사는 투자자는 확정금리를 받는 장점이 있다.

통화안정증권(MSB: monetary stability bonds)은 한국은행이 통화량 조절을 목적으로 금융기관과 일반인들을 대상으로 발행하는 일종의 금융채이다. 통화안정증권의 만기는 28일, 63일, 91일, 182일 등으로 다양하다. 공개시장조작을 통한 통화당국의 통화정책 수단으로 RP는 최단기 유동성 조절을 목적으로 하는 데 비해, 통화안정증권은 중장기 유동성 조절을 목적으로 한다. 글로벌 금융위기와 코로나 팬데믹 이후 늘어난 통화량을 흡수하기 위해 빠르게 증가하고 있다.

기업어음(CP: commercial papers)은 신용 상태가 양호한 기업이 단기자금 조달을 위하여 발행하는 만기 1년 이내의 약속어음이다. 만기에 이자를 받는 예금과는 다르게 CP는 이자를 먼저 받은 후 이자를 제외한 금액을 투자하고 만기에 원금을 받는다. 예를 들면 6개월 연율 6%의 금리를 주는 CP 1억 원을 투자한다고 했을 때 6%의 6개월 세금 전 이자 300만 원을 제외한 9,700만 원을 투자해 만기에 1억 원을 받는다. 취급 기관은 도입 이후 점차 확대되어 이제는 대부분 금융기관에서 취급하고 있다.

장기금융시장(자본시장)

흔히 자본시장이라 일컫는 장기금융시장은 만기가 1년 이상의 금융상품이 발행되고, 유통되는 시장을 말하며, 대표적인 자본시장 상품은 만기가 없는 주식과 만기 1년 이상의 채권을 들 수 있다. 주식과 채권은 유통할 수 있으므로 가격변동에 따라 매매차익을 얻고자 하는 투자가 가능하여 투자자들의 관심이 높을 뿐 아니라, 가격변동위험과 발행자 파산 등으로 인한 신용위험이 크다는 특징이 있다. 대개 만기가 길고(1년 이상), 주식의 경우는 만기가 없다. 주식과 채권은 앞으로 우리의 금융 생활에서 매우 중요하기 때문에 따로 다음 장에서 각각 다룬다.

6장
주식과
주식시장

대표적인 자본시장 상품으로 주식을 들 수 있다. 주식은 가격변동에 따라 매매차익을 얻고자 하는 투자가 가능하여 투자자들의 관심이 높을 뿐 아니라, 가격변동위험과 발행자 파산 등으로 인한 신용위험이 크다는 특징이 있다. 여기서는 주식의 이해와 국내 주식시장의 구조와 현황에 대해 살펴보기로 한다.

|주식의 기초 이해

저금리 기조로 자신의 자산 증식을 위해 주식투자는 더 이상 외면할 수 없는 자산 증식 수단이 되면서 이에 관한 관심이 점점 커지고 있다. 하지만 대부분 사람은 '주식이 무엇이냐?'라는 물음에 주식을 제대로 이해하지 못한 채 재테크와 관련한 주식투자만을 떠올린다. 주식투자를 관심 있는 사람이라면 먼저 주식이 무엇인지를 이해할 필요가 있다.

주식과 주주

주식(株式, stock)은 주식회사가 자본을 조달하기 위해 발행한 출자증권이다. 주식이 무엇인지를 이해하기 위해서는 먼저 주식회사의 자금 조달 방법을 알아야 한다. 일반적으로 주식회사는 설비투자나 운용에 필요한 자금을 세 가지 경로를 통하여 조달한다. 직접금융시장에서 주식 또는 회사채를 발행하거나, 간접금융시장에서 금융기관으로부터 차입이 그것이다. 주식을 발행하면 그 주식의 발행 금액은 그 회사의 자본금이 되고, 채권과 금융기관 대출은 주식회사의 부채가 된다.

주식은 투자자의 측면에서 보면 기업의 영업활동을 통해 만들어 낸 수익 중에서 채권보유자에게 계약된 액수를 먼저 분배한 후 그 나머지 중 일부를 배당금 형태로 소유자(주주)에게 지급하는 유가증권이다. 만일 거래소에 상장되었을 때는 사고팔 수도 있다. 일반적으로 주식은 배당금 등 주주에 대한 분배를 기준으로 보통주, 우선주 등으로 구분된다. 보통주(common stock)란 특별한 권리 내용이 없는 일반적인 주식을 말한다. 우선주(preferred stock)는 배당, 기업 해산 시 잔여재산의 분배 등에서 보통주보다 우선권이 있는 주식이다.

금융 용어 따라잡기
자사주

주식에 조금이라도 관심이 있는 사람이라면 자사주란 말을 들어보았을 것이다. 자사주(corporation's own stock)란 회사가 자기 계산으로 회사가 발행한 주식을 취득해 보유하고 있는 주식을 말한다. 상장법인의 자사주 취득은 발행주식 총수의 5% 이내에서만 가능하며 자사주를 취득하려면 상법상 배당 가능 이익이 있어야 한다. 자사주 취득 기간은 신고서 제출 뒤 3일이 지난날로부터 3개월 이내에 이루어져야 한다. 외환위기 이후 적대적 인수합병(M&A) 관련 규제가 완화되면서 상장법인들이 경영권을 보호할 수 있도록 자기주식 취득을 예외적으로 허용되었다. 그러나 최근 증시 침체가 지속하자 적지 않은 기업들이 유통 물량 축소, 발행주식 수 감소로 인한 주당순이익 증가 효과 등을 노려 자사주가의 부양을 위해서 자사주를 매입하고 있다.

한편 주주(株主, stockholders)란 주식을 가지고 직접 또는 간접으로 회사경영에 참여하고 있는 개인이나 법인을 일컫는다. 보통 주주의 자격에는 특정한 제한이 없으므로 자연인은 물론이고, 법인 또는 무능력자나 외국인도 주주가 될 수 있다. 일반적으로 주식에는 주주가 갖는 주식 수에 따라 평등한 취급을 받아야 한다는 주주 평등의 원칙이 적용된다. 하지만 상법에서는 주식회사의 자금조달 편의를 위하여 정관의 규정에 따른 주주 평등 원칙의 예외를 인정하고 있다. 주주는 자본의 출자 의무를 지며 예외적인 경우를 제외하고 출자한 자본액의 한도 내에서만 회사에 대해 경제적 책임을 지는 유한책임을 원칙으로 한다. 주주의 권리에는 크게 경제적 이익을 목적으로 하는 자익권과 회사의 관리·경영에 참여할 수 있는 공익권 등이 있다. 자익권(自益權)에는 이익 배당청구권, 잔여재산분배청구권, 신주 인수권, 주식매수청구권 등이 있으며, 공익권(共益權)에는 의결권, 회계 장부 열람청구권, 주주총회소 집 청구권, 이사·감사 해임 청구권 등이 있다.

기업공개와 증자

주식회사가 주식을 발행하는 목적에는 크게 기업공개와 증자가 있다. 먼저 기업공개(going public)는 개인, 가족 등 소수의 주주에 의해 폐쇄적으로 경영되던 기업의 주식을 다수의 대중에게 분산하는 것이다. 주식회사 초창기에는 소수의 창업자가 자본금으로 납부한 돈이나 설립 후 금융기관 등에서 차입한 자금을 기반으로 영업활동을 하게 되지만, 점차 기업규모가 커지면 다수의 투자자로부터 만기 제한이 없이 회사의 운명을 함께할 수 있는 거액의 자금조달이 필요해진다. 대기업이 될 때까지 가족기업과 같은 폐쇄적인 소유구조로라도 자금이 충분한 경우가 아니라면 기업공개를 통해 다수의 투자자로부터 자본금 형태로 자금을 조달하고, 필요시 증자를 통해 자본을 늘린다. 일반적으로 기업공개 방법에는 신주(新株) 공모와 구주(舊株) 매각 등이 있다.

주식회사의 목적별 주식 발행

	분류	내용
기업 공개	신주 공모발행	신주를 발행하여 일반투자자에게 균일한 조건으로 공모
	기발행 주식 매각	기발행 대주주 소유 주식의 일부를 매출해 다수의 주주가 주식을 분산, 소유토록 하는 것
증자	유상증자	유상으로 신주를 발행하기 때문에 회사 실질 자산 증가 * 주주배정, 주주 우선 공모, 제삼자 배정, 일반 공모 등
	무상증자	기업의 법정준비금 또는 자산재평가적립금을 자본에 전입한 후, 증가한 자본금에 해당하는 만큼의 신주를 발행
	주식배당	주주에 대한 이익 배당을 현금 대신에 주식으로 배당
	주식전환	전환사채, 신주인수권부사채, 은행 대출금의 주식전환 등

그리고 증자는 주식회사가 설비자금 및 운전자금 조달, 부채 상환, 자본금 대형화, 재무구조 개선, 경영안정권 확보 등을 위하여 신주 발행을 통해 자본을 증가시키는 것을 말한다. 이에는 크게 유상증자와 무상증자 등이 있다. 이 밖에도 주식배당도 결과적으로 무상증자의 효과가 있으며, 전환사채나 신주인수권부사채가 일정 조건이 충족된 후 주식으로 전환되거나, 은행 대출금이 주식으로 전환되는 주식전환도 증자 효과가 있다.

감자

우리는 과거에는 매우 생소했던 경제 용어에 익숙하게 되었다. 이 중 하나가 증자(增資, capital increase)와 반대 개념인 감자(減資, reduction of capital)다. 과거 성장기에 우리나라 기업들은 증자에만 열중하였다. 그러나 외환위기를 거치면서 많은 기업이 도산하거나, 자본잠식 상태에 빠지거나, 합병 등을 하면서 기업들이 자본금을 줄이는 감자가 빈번하게 일어나고 있다. 기업이 감자 발표를 하면 그 회사의 주식은 바닥으로 곤두박질친다. 실제 감자 시 자신이 보유한 주식 수가 감자 비율만큼 줄어들기 때문이다. 심할 때는 100주가 1주로 줄어들 수 있다. 최근에 와서는 유상 감자라는 용어가 간혹 언론에 나타나곤 한다. 이는 외국 투자자들이 국내 기업에 투자한 후 자본회수 방법으로도 많이 이용한다. 주식투자자라면 이제 증자보다 감자에 더욱 민감해야 할 것이다.

상장

상장(listing, 上場)은 거래소가 일정 기준을 충족하는 유가증권에 대하여 유가증권시장에서 집단적·대량적으로 거래될 수 있도록 승인하는 행위이다. 그런데 우리나라에서는 간혹 기업공개와 상장을 혼동하고 있다. 기업공개와 상장은 그 개념이 다름에도 불구하고 오랫동안 기업공개와 상장이 동시에 진행되면서 같은 개념으로 사용했기 때문이다. 거래소에서 거래 대상으로 선정되기 위해서는 일정한 기준에 따라 상장심사를 거쳐야 한다. 이는 유가증권의 원활한 유통과 공정한 가격 형성을 통해 투자자를 보호하기 위해서이다. 상장요건으로 설립 경과 기간, 자본 규모, 주식분산, 재무 상태, 기업지배구조 등을 고려하는데, 코스닥시장은 성장성이 높은 기업을 육성하기 위해 유가증권시장보다 다소 완화된 기준을 적용하고 있다.

일반적으로 주식회사는 특별한 경우를 제외하고는 상장을 목표로 한다. 상장된 유가증권은 해당 상장회사의 공신력 제고, 주식의 유동성 증가에 따른 주가의 상승, 기업 자금조달의 용이, 담보가치의 향상, 회사의 홍보 및 지위 향상, 종업원 사기진작, 소유 주식의 분산 등 여러 가지 긍정적인 효과를 누릴 수 있다. 최근 기업들은 글로벌 금융시장에서 폭넓게 자금을 확보하기 위해 특정 국가의 기업이 다른 나라에 상장되는 경우가 많아지고 있다. 세계적인 금융 중심지인 뉴욕, 런던 등에 외국기업의 상장이 활발하며, 최근 우리나라 기업들도 이들 지역의 증권거래소에 진출하려고 적극적으로 노력하고 있다. 해외에서 상장되면 세계적인 기업으로 인정받을 수 있기 때문이다.

거래소 상장 관련하여 일반투자자가 관심을 크게 기울이는 것 중 하나가 공모주에 대한 청약이다. 이는 기업이 공개를 통해 증권시장에 상장되는 경우 일반인으로부터 청약을 받아 주식을 배정하는 것을 말한다. 투자위험이 상대적으로 크지 않으면서 상대적으로 높은 수익을 올리는 방법으로 알려져 개인투자자에게 인기가 많다. 공모 주식이 증권거래소에 상장된 후 주가가 대개 발행가를 웃돌아 많은 시세 차익을 얻을 수 있을 수 있기 때문이다. 공모주 청약을 위해서는 각 증권회사(금융투자회사) 홈페이지 등에 자세히 설명되어 있다.

|주식 발행시장과 유통시장

일반적으로 자본시장은 발행시장과 유통시장으로 구분한다. 발행시장은 증권이 발행되어 최초의 투자자에게 이전되는 시장이며, 유통시장은 최초의 투자자에서 다른 투자가에게로 이전되는 시장이다. 주식 발행시장은 주로 금융기관들과 관계가 있지만, 유통시장은 증권을 사고파는 개인들도 많이 이용하는 시장이다.

발행시장

발행시장은 기업, 정부, 공공단체 등이 외부로부터 자금의 조달을 목적으로 증권이 발행되어 최초의 투자자에게 이전되기까지의 과정을 지칭하며, 1차 시장(primary market)이라고도 한다. 증권의 발행은 발행 방법에 따라 크게 사모(私募)와 공모(公募) 방식으로 이루어지고 있다. 사모 방식은 주로 유동성이 낮은 회사채시장에서 시행되고 있는데, 발행기업이 직접 소수의 투자자와 사적 교섭을 통하여 회사채를 매각하는 방식이다. 반면 공모방식은 신용도가 높은 대규모 기업들이 불특정 다수에게 일반매출을 통하여 증권을 매각하는 것이다. 공모는 증권발행에 따른 위험을 누가 부담하느냐에 따라 직접발행과 간접발행으로 구분한다. 직접발행은 증권발행에 따른 위험을 발행자 또는 발행회사가 부담하며, 간접발행은 인수기관이 발행 위험을 부담한다. 직접발행이나 간접발행 모두 모든 일을 책임지고 주관하는 간사회사가 중요한 역할을 한다. 이중 우리가 미래의 투자와 연관하여 관심을 가져야 하는 것은 간접발행이며, 그 과정은 크게 발행(origination), 인수 (underwriting), 판매(selling)의 세 단계로 이루어진다.

간접발행 과정

+ 인수기관: 유가증권을 발행자로부터 직접 매입하는 인수 기능을 하는 기관(금융투자회사, 은행의 신탁계정, 자산운용회사 등)
+ 청약기관: 널리 흩어져 있는 불특정 다수를 대상으로 청약을 대행해 주는 기관(자기의 책임과 계산 없이 단순히 청약만 대행하며 불특정다수인을 모집할 수 있는 은행, 증권회사, 보험회사 등 영업점이 있는 기관)
+ 투자자: 개인들로 구성된 일반투자자와 기관투자자(법인의 형태를 취하고 있는 은행, 금융투자회사, 보험회사, 투자신탁회사, 연금기관, 각종 재단 등)

간사회사

우리는 보통 일상의 모임이나 행사 등의 진행이 원활하게 이루어지도록 일을 맡아 주선하고 처리하는 간사(幹事)를 정하곤 한다. 간사는 어떤 단체나 모임의 일을 맡아 주선하고 처리하는 직책, 또는 그 직책에 있는 사람을 의미한다. 간사의 지정은 증권발행에서도 마찬가지다. 채권, 주식 등 유가증권의 발행자와 투자자 사이에서 증권이 원활하게 이동할 수 있도록 증권발행에 따른 사무처리, 발행자에 대한 조언 및 사무절차를 대행하는 간사회사(secretary company)가 존재한다. 증권발행은 사무절차가 복잡하고, 발행자가 직접 대량의 증권을 매각하기 쉽지 않고 또한 증권을 발행하여 매각하는 동안에 가격변동의 위험이 발생할 수 있어서 증권발행 과정에서 발행자와 투자자 사이에서 간사회사가 개입하여 이러한 문제를 해결하게 된다.

그러면 누가 주로 간사회사의 역할을 할까? 외국의 경우 미국계 Goldman Sachs, J.P. Morgan, Morgan Stanley, 영국계 Barclays, HSBC, 독일계 Deutche Bank 스위스계 UBS 등 머천트뱅크(merchant bank), 투자은행(investment bank) 등이 그 역할을 하고 있다. 우리나라에서는 현재 증권회사와 금융투자회사들이 그 역할을 맡고 있다.

유통시장

유통시장(secondary market)은 이미 발행된 증권이 투자수익을 목적으로 하는 다수의 투자자 사이에서 자유롭게 매매되는 시장으로 발행된 증권의 시장성과 유동성을 높여 일반투자자의 투자를 촉진한다. 만약 유동성이 원활하지 못해 적정한 가격으로 판매할 수 없다면 투자자들은 증권 취득을 꺼리게 되고, 이는 전반적으로 기업 자금조달의 어려움을 초래할 수 있다. 또한 유통시장은 주식이나 채권의 공정한 가격을 형성할 뿐만 아니라 유통시장에서 형성되는 가격은 앞으로 발행할 새로운 증권의 가격을 결정하는 역할도 한다. 즉, 기업이 증권을 새로 발행할 때 적용되는 발행 가격은 결국 유통시장에서 거래되는 증권 가격의 척도가 된다.

일반적으로 유통시장은 장내시장과 장외시장으로 구분된다. 장내시장은 일정한 요건을 갖춘 증권의 매매가 거래소 내에서 이루어지는 시장이다. 시장참가자가 증권에 대한 매수·매도 주문을 중앙집중적 장소인 거래소에 보내면 거래소는 이를 경쟁 입찰원칙 등 표준화된 규칙에 따라 처리한다. 미국 뉴욕증권거래소(NYSE), 일본의 동경증권거래소(TSE), 우리나라의 한국거래소(KRX) 등이 여기에 해당한다.

한국거래소는 2005년 1월 27일 증권거래소, 선물거래소 등 기존의 4개 기관이 통합되어 설립된 한국 자본시장의 장내 유통시장이다. 주로 증권회사 또는 선물회사가 회원으로 가입하여 주식, 채권, 선물 및 옵션 상품을 거래하고 있다. 2015년 1월에는 공공기관 지정에서 해제되어 주식회사 형태의 민간기업이 되었다. 주요 사업본부로는 유가증권시장 본부, 코스닥시장 본부, 파생상품시장 본부 등이 있다. 한국거래소에서의 매매 결제는 거래소의 결제기구를 통하게 되어 있다. 증권의 매매와 거래에서 계좌이용자(투자자, 증권회사, 금융기관)들은 그들이 소유하고 있는 유가증권을 미리 계좌관리기관(한국예탁결제원)에 집중적으로 예탁하여, 매매에 수반되는 유가증권의 수수(授受)를 실물에 의하지 않고 이용자의 계좌 간에 대체함으로써 결제를 종료하게 된다. 이러한 증권예탁원을 통한 계좌 간 대체결제는 유가증권의 실물 수수에 따른 인력 및 시간을 절약할 수 있고 유통과정에서 분실, 도난 등의 사고를 예방할 수 있으며 또한 결제 업무 처리의 신속·정확성을 확보할 수 있는 이점이 있다.

한편 장외시장은 증권거래소에서 정한 최저 거래단위 미만의 주식이나 비상장주식이 개별적으로 거래되는 시장이다. 우리나라의 경우 한국거래소의 코넥스(KONEX) 외에 장외채권시장, K-OTC(옛 프리보드) 등이 여기에 해당한다.

국내 증권 장내 유통시장의 구조

KOSPI, KOSDAQ 그리고 KONEX

한국거래소는 주식 관련하여서는 현재 KOSPI, KOSDAQ, KONEX 등 3개의 시장을 운영하고 있다. KOSPI(KOrea composite Stock Price Index)는 본래 유가증권시장의 종합주가지수를 이르는 말이었으나, 의미가 확대되면서 주로 우량한 대기업들이 밀집해 있는 유가증권시장의 의미로도 부르고 있다.

그리고 KOSDAQ(KOrea Securities Dealers Automated Quotation)은 한국거래소 코스닥 시장본부가 운영하는 주식시장을 통칭하며, 시장과 연계된 지수를 말하기도 한다. 코스닥은 미국 나스닥은 본뜬 이름이다. 예전에는 중개인을 통한 직접 주식거래에서 벗어나 장외에서 컴퓨터와 통신망을 이용해 불특정 다수가 거래에 참여하는 시장으로 시작하였으며, 현재는 관리적 차원에서는 유가증권시장과는 큰 차이점이 없다. 다만, 중소기업이나 신생 벤처기업들의 기업공개(IPO) 문턱이 코스피에 비해 상대적으로 낮은 편이다. 2023년 말 현재 한국거래소(KRX) 유가증권시장과 코스닥시장에 2,000여 개의 종목이 상장 거래되고 있다. 여기에는 기업 외에도 뮤추얼펀드, 상장지수펀드(ETF: Exchange Traded Fund), ETN ELS 등도 상장되어 거래되고 있다.

한편 KONEX(KOrea New EXchange)는 2013년 설립된 제3의 주식시장으로 KOSDAQ 시장 상장요건이 안되는 창업 초기의 중소기업, 벤처회사들이 자본시장을 통해 자금을 원활히 조달할 수 있도록 개설되었다. KONEX 시장은 시장 규모도 작고 인지도도 낮으며, 거래량도 상대적으로 매우 낮은 상황이기에 별도의 주가지수 또한 존재하지 않는다. 기존에 제3의 시장으로 불리던 K-OTC는 제4의 시장으로 밀려났다.

7장
채권의
재조명

주식 외에 대표적인 자본시장 상품은 장기채권이다. 채권은 아직 일반 개인에게 다소 생소할 수가 있으나, 향후 고령화 사회에 가장 대표적인 금융상품으로 여겨지고 있다. 그뿐만 아니라 금리 등 채권시장에서 형성되는 각종 정보는 경기예측 및 통화정책의 활용자료로 사용되는 등 현대 금융시장에서 중추적인 역할을 한다.

|국채 위주로 재편된 채권시장

　대표적인 자본시장 금융상품인 채권(債券, bonds)은 발행 주체가 되는 정부, 공공기관, 특수법인이나 주식회사 등이 불특정 다수의 일반 투자가로부터 비교적 장기의 거액 자금을 집단적, 대량적으로 조달하기 위해 발행하는 일종의 차용증서, 즉 채무를 표시한 유가증권이다. 자금이 필요한 발행자에게는 장기 자금을 조달할 수 있게 하고, 투자자에게는 비교적 다른 자본시장 금융상품에 비해 수익성, 안정성, 유동성이 높은 자산운용의 수단을 제공한다.

 # 금융 용어 따라잡기

채권(債券)과 채권(債權)

　이 둘은 전혀 다른 의미를 지니고 있음에도 불구하고 많은 사람이 혼동하고 있다. 債券(bonds)은 국가, 지방공공단체, 그리고 사기업이 필요한 자금을 빌릴 때 발행하는 유가증권이다. 반면 債權(credits)은 특정인(채권자)이 다른 특정인(채무자)에게 특정한 행위(급부)를 청구할 수 있는 사법상의 권리를 말한다. 여기서 다루는 것은 당연히 債券(bonds)이다.

채권의 분류

　일반적으로 채권을 발행 주체에 따라 분류하여 보면, 정부가 발행하는 국채, 지방자치단체가 발행하는 지방채, 특별법에 따라 설립된 특별법인이 발행하는 특수채, 금융기관이 발행하는 금융채, 그리고 회사가 발행하는 회사채 등이 있다. 발행 주체별 채권시장은 지난 1997년 외환위기 이후 커다란 변화가 나타나고 있다. 외환위기 이전에는 일반 회사채의 발행과 유통이 가장 활발하였다. 하지만 외환위기 이후 국채가 채권시장의 중심시장으로 정착되면서, 2000년 5월부터 이전의 회사채 수익률(3년 만기 A+등급)을 대신하여 국채금리(3년 만기 국고채 유통 수익률)가 지표금리로 사용되고 있다. 한편 채권은 상환기간에 따라 만기 1년 미만의 단기채, 만기 1년에서 5년 사이의 중기채, 만기 5년 이상의 장기채 등으로 구분된다.

발행 주체별 국내 채권

국채	국고채, 국민주택채권, 공공용지보상채권, 외국환평형기금채권 등
지방채	도로공채, 상수도공채, 지역개발채권 등
특수채	토지개발채권(LH공사), 전력공사채권, 도로공사채권, 서울교통공사채권, 기술개발금융채권 등
금융채	통화안정채권(한국은행), 산업금융채권(산업은행), 중소기업금융채권(기업은행), 주택금융채권(KB은행) 등
회사채	보증사채, 무보증사채, 담보부사채, 전환사채, 교환사채, 신주인수권부사채, 자산유동화증권 등

국채 시장의 성장

1998년 외환위기 이전에는 회사채와 금융채의 발행이 국내 채권발행의 대부분을 차지하였다. 대신 국채의 발행은 정부가 건전재정을 유지하였기 때문에 상대적으로 미비하였다. 그러나 외환위기 이후 금융기관 구조조정 및 실업자 대책기금 마련, 경기회복 등에 필요한 자금 조달을 위하여 국채 발행이 급격히 증가하였다. 특히 장기국채 시장 활성화를 위해서 장기채 발행을 크게 늘리고 있다. 반면 회사채의 경우 신용관리 위험을 중시한 기관투자가들이 회사채 인수를 기피하고, 대기업들이 부채비율 감축 등 재무구조개선 차원에서 발행 규모를 축소하였으나 2008년 글로벌 금융위기 이후 회복세를 나타내고 있다. 2023년 말 기준 발행 잔액을 기준으로 가장 대표적인 국채인 국고채가 2023년 말 기준 약 1,000조 원으로서 전체 채권발행에서 압도적인 비중인 40% 정도를 차지하고 있다.

국고채 발행 잔액 추이

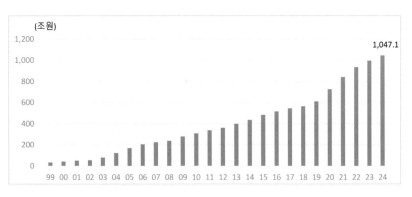

출처: 한국은행 경제통계시스템

그뿐만 아니라 투자자들의 안전 자산 선호 경향 때문에 무위험 채권에 대한 수요가 증가하고, 국채 수요 기반 확충을 위한 제도도 빠르게 개선되었다. 채권을 장부가(帳簿價)가 아닌 현재의 가격 즉, 시가(時價)로 평가하는 '채권시가평가제'가 도입되었다. 이에 채권시장 참가자의 투자 행태가 장기보유에서 단기 매매 위주로 전환됨으로써 국채 거래량이 큰 폭으로 증가하였다. 특수채와 통화안정증권 등도 발행 규모의 급증과 투자자의 안전 자산 선호 경향에 힘입어 거래가 빠르게 늘어났다. 주로 거래소에서 거래되는 주식과 달리 채권은 대부분 장외시장에서 브로커, 딜러(국채전문딜러 등) 등에 의해 금융기관이나 법인 등 기관 간 대량 거래된다. 외환위기 이전까지는 은행(신탁계정 포함)과 당시의 투신사 등 양대 기관투자자들이 채권시장을 주도하였으나 현재는 연기금, 일반 금융기관, 일반법인 등도 채권시장에 활발하게 참가하고 있다.

금융 용어 따라잡기

브로커와 딜러

브로커와 딜러는 우리가 일상생활에서 많이 사용하고 있는 개념이지만, 많은 사람은 두 개념을 혼동하여 사용하고 있다. 금융거래에서도 마찬가지다. 브로커(broker)는 자신의 포지션을 가지는 것이 아니라 대리인의 임무를 수행하는 사람이나 법인을 말한다. 즉, 브로커는 자기 돈을 가지고 채권이나 주식을 거래하지 못하고 단지 수요자와 공급자를 연결하는 중개인 같은 역할만 한다. 투자자에게 거래에 대한 모든 권리를 위임(위탁)받아 거래를 수행하고 그에 따른 수수료(fees 또는 commissions)를 받는다.

반면 딜러(dealer)는 자신이 포지션을 가지고 그 결과에 따른 시세 차익을 얻는 것을 목적으로 하는 자를 말한다. 즉, 이들은 자기 돈을 가지고 직접 채권이나 주식을 매입한 후, 비록 위험을 떠안지만 시장 상황이 유리할 때 비싸게 파는 것을 목표로 한다.

|다양한 형태의 회사채

회사채(사채)는 기업으로서는 매우 중요한 자금 조달 수단이다. 회사채는 다른 채권에 비해 위험성이 높은 특성이 있지만, 일반적인 이표(쿠폰)채권 형식의 채권뿐만 아니라 다양한 형태의 채권이 존재하기 때문에 투자자들에는 매우 흥미로운 투자수단이 되기도 한다.

보증사채와 무보증사채

기업은 도산하면 회사채는 회사채 보유자에게 약속된 지급을 할 수 없게 된다. 따라서 회사채는 지급보증이 중요한데, 지급보증과 담보 여부에 따라 보증사채, 무보증사채 등으로 구분된다. 보증사채란 사채의 원리금 상환 및 이자 지급을 금융기관(은행, 신용보증기금, 기술신용보증기금, 보증보험회사 등)이 보증하는 사채이다.

반면 무보증사채란 사채의 원리금 상환에 대해 금융기관 보증이나 담보 공여 없이 발행회사 자기신용에 의해 발행되는 사채이다. 외환위기 이전까지만 해도 은행, 보증보험사 등에 의한 보증사채 발행이 일반적이었지만 외환위기 이후 기업들의 도산이 이어지고 보증기관들도 부실화되면서 지급보증 기능을 상실하게 됨에 따라 무보증사채 발행이 일반화되고 있다.

전환사채와 신주인수권부사채

　전환사채(CB: convertible bonds)는 일정한 조건에 따라 채권을 발행한 회사의 주식으로 전환할 수가 있는 권리가 부여된 채권이다. 일반 회사채와 주식의 중간 형태라고 생각하면 이해하기 쉽다. 주식으로 전환할 수 있다는 권리 때문에 일반 사채보다 낮은 금리로 발행되어 기업으로서는 자금조달 비용 절감의 효과가 있다. 또한 주식으로 전환되면 재무상태표(B/S)상의 고정부채가 자기자본으로 바뀌기 때문에 재무구조 개선 효과가 있으나, 자칫 경영권 지배에 영향을 받을 수도 있다. 한편 투자자 처지에서는 회사채로서의 안정적인 투자가치와 잠재적 주식으로서의 시세 차익을 함께 기대할 수가 있지만, 주가 하락으로 전환권을 행사하지 못하게 되면 높은 금리를 포기한 대가를 치러야 한다.

　그리고 신주인수권부사채(BW: bonds with warrants)는 채권소유자에게 소정의 기간이 지난 후 일정한 가격으로 발행회사의 일정 수의 신주를 인수할 수 있는 권리가 부여된 채권이다. 이 신주인수권부사채는 발행기업으로서는 낮은 표면이자율로 자금조달 비용을 절감할 수 있고, 인수권 행사 시 추가의 자금조달이 가능하다는 장점이 있다. 또한 전환사채와 마찬가지로 재무구조 개선 효과가 있으나 신주 인수권 행사 이후 대주주의 지분율이 하락할 우려도 있다. 한편 투자자로서는 전환사채와 마찬가지로 안정성과 수익성(주가 상승에 따른 이익 획득)이 동시에 기대되나 주가가 약세를 보이면 그 행사가 불확실하게 되면 높은 금리를 포기한 대가를 치러야 한다.

자산유동화증권

자산유동화증권(ABS: assets-backed securities)은 금융기관이 자신의 운용 자금을 조기에 회수하기 위해 보유하고 있는 대출채권(기초자산)을 모아서, 이를 담보로 새로이 발행된 증권을 말한다. ABS는 1980년대 초반 금융규제 완화, 정보의 생산·처리기술 향상 등에 따른 금융기관 간 경쟁이 심화하면서 주택저당채권을 중심으로 발행이 확대되면서 본격적으로 성장하였다. 미국의 ABS는 발행 잔액 기준으로 국채 및 일반 회사채와 대등한 위치를 차지하고, 유통시장에서의 거래량은 일반 회사채를 크게 앞서고 있다. 우리나라도 외환위기 이후 금융기관들이 구조조정을 추진하는 과정에서 유동성 제고, 재무구조개선, 부실채권 처분 등을 위해 금융회사나 공공법인이 ABS의 발행을 크게 늘렸다. 2000년 ABS 발행 비중은 전체 회사채 중에서 약 70%를 차지하기도 하였다.

일반적으로 기초자산이 주택자금 대출채권이면 MBS(mortgage-backed securities), 채권(債券)이면 CBO, 대출채권이면 CLO, 신용카드 대출채권이면 CARD, 자동차 할부 대출채권이면 Auto-loan ABS 등 다양하게 불리고 있다. 그중에서 가장 시선을 끄는 것이 MBS이다. 미국의 경우 MBS를 이용한 주택자금 대출 점유율이 2000년대 들어 50% 이상으로 급증하였다. 국내 MBS 시장은 전체 ABS 시장과 비교하면 아직 미미한 수준이나, 한국주택금융공사의 보금자리론 등 주택 모기지 취급이 확대되면서 빠르게 확대하고 있다.

|채권수익률 이해

채권은 장기간에 걸쳐 정기적으로 이자와 유사한 개념의 이표(利票, coupon)를 지급하고, 만기에 채권에 표시된 액면금액을 지급하는 대표적인 자본시장의 금융상품이다. 채권은 그 구조와 수익률 계산에 대한 정확한 이해가 중요하다. 무수히 많은 채권도 각기 다른 금리를 지니고 있고, 같은 상품이라도 만기 등에 따라 금리 수준이 다르다.

채권수익률 계산

가장 표준적인 이표채(coupon bonds)의 수익률은 다음의 만기수익률 예시를 통해 이해할 수 있다. 앞서 설명한 바와 같이 만기수익률(yield to maturity)은 미래에 발생하는 현금흐름의 현재가치(present value of future payments)를 현재 가격(value today)과 일치시키는 이자율을 말한다. 장기간 또는 반복적으로 일어나는 금융거래의 금리는 대부분 만기수익률의 개념으로 계산한다. 이중 채권이 대표적이다.

예를 들어 만기 10년, 액면가 1,000만 원, 매년 말 100만 원의 쿠폰을 지급하는 채권을 700만 원에 살 때 만기수익률은 채권의 현재 가격과 채권이 약속한 미래 지급의 현재가치와 일치하는 수준에서 계산된다. 물론 이러한 복잡한 계산식은 손으로 풀 수 없으며, 전산시스템에 의해 계산된다. 예시에서 보듯이 채권가격(현재 가격)은 분수의 분모에 있는 이자율과 역의 관계에 있음을 알 수 있다. 즉, 채권가격이 오를수록 채권의 수익률이 낮아지며, 반대로 채권가격이 낮을수록 채권의 수익률이 높아진다.

$$700만\ 원 = \frac{100만\ 원}{1+i} + \frac{100만\ 원}{(1+i)^2} + ... + \frac{100만\ 원}{(1+i)^{10}} + \frac{1,000만\ 원}{(1+i)^{10}} \rightarrow i = ?$$

한편 이표채 중에서도 특수한 채권도 있다. 만기가 없는 영구채, 쿠폰이 없는 할인채 등이 그것이다. 먼저 영구채(consols)란 매년 일정액의 쿠폰만 영원히 지급하는 특수한 채권으로서 나폴레옹 전쟁 당시에 영국에서 처음으로 발행되었다. 아직도 런던 금융시장에서는 그 당시 발행된 영구채가 거래되고 있다. 한편 할인채(discount bonds)는 쿠폰지급이 없으며 만기에 액면 가격만을 지급하는 채권이다.

지급불능 위험과 수익률

무수히 많은 채권은 각기 다른 금리를 지니고 있다. 그 이유는 여러 가지가 있지만 가장 중요한 게 발행자의 지급불능 위험이다. 발행자가 파산하게 되면 당연히 약속된 쿠폰이나 액면금액이 보장되지 않는다. 따라서 발행자의 파산위험(default risks)이 높거나 자금상환 능력이 낮을수록 당연히 채권수익률이 높아진다. 그렇지 않으면 발행 자체가 어렵기 때문이다. 일반적으로 국가의 경우 파산위험이 없다. 반면 회사채의 경우 항상 파산위험이 다르다. 우량회사의 경우 상대적으로 파산위험이 작고, 그렇지 못한 회사의 파산위험은 크다. 따라서 국채 수익률보다 우량기업 회사채수익률이 높고, 우량기업 회사채수익률보다 중소기업 회사채수익률이 높은 게 일반적이다.

채권은 신용평가기관에서 위험별로 채권 등급이 정해지는데, 세계적인 신용평가기관으로는 미국의 Moody's와 S&P, 영국의 Fitch IBC 등이 있다. 우리나라에도 한국기업평가, 한국신용평가, NICE신용평가 등에서 다양한 등급을 산정하고 있다. 한국의 한 신용평가기관의 경우, 위험등급은 원리금 지급 능력의 정도에 따라 AAA부터 D까지 10개 등급으로 분류된다. 등급 중 비교적 위험이 낮은 AAA부터 BBB까지는 원리금 상환능력이 인정되는 '투자 등급' 채권(investment grades bonds)이며, BB에서 C까지는 환경 변화에 따라 크게 영향을 받는 '투기 등급' 채권(junk bonds)으로 구분된다.

채권의 위험등급 체계

등급	주 내용	
AAA	원리금 지급 능력이 최상급	투자등급
AA	원리금 지급 능력이 매우 우수하지만, AAA의 채권보다는 다소 열위	
A	원리금 지급 능력은 우수하지만, 상위 등급보다 경제 여건 및 환경악화에 따른 영향을 받기 쉬움	
BBB	원리금 지급 능력은 양호하지만, 상위 등급에 비해서 경제 여건 및 환경악화에 따른 장래 원리금의 지급 능력이 저하될 가능성을 내포	
BB	원리금 지급 능력이 당장은 문제가 되지 않으나 장래 안전에 대해서는 단언할 수 없는 투기적인 요소를 내포	투기등급
B	원리금 지급 능력이 결핍되어 투기적이며 불황 시에 이자 지급이 확실하지 않음	
CCC	원리금 지급에 관하여 현재에도 불안 요소가 있으며, 채무불이행의 위험이 커 매우 투기적임	
CC	상위 등급에 비하여 불안 요소가 더욱 큼	
C	채무불이행 위험이 크고, 원리금 상환능력이 없음	
D	상환 불능 상태	

주) AA부터 B등급까지는 +, - 부호를 부가하여 동일 등급 내에서도 우열을 나타냄./출처: 한국신용평가

수익률 위험스프레드

위험채권 수익률과 무위험 채권의 수익률 간의 차이를 수익률 위험스프레드(risk spread)라 부른다. 이는 일반적으로 경제가 침체 상태에 빠지거나 위기가 고조될수록 상대적으로 위험채권의 수요가 감소하여 높아진다. 무위험 채권인 국채와 상당히 우량하다고 여겨지는 회사채(AA- 등급) 간의 수익률 차이도 경제 상황에 민감하게 변화한다. 일반적으로 커다란 경제적 위기가 닥쳤을 때 위험스프레드가 상당히 올랐음을 확인할 수 있다. 2020년 코로나19 위기로 위험스프레드가 크게 올랐다가 내려갔고, 2022년 러시아-우크라이나 전쟁으로 다시 급등하다가 내려간 것을 확인할 수 있다. 그만큼 위험스프레드 안에는 그 당시의 경제와 금융시장 상황에 대한 놀라운 정보가 숨어 있다.

코로나 위기 이후 리스크 스프레드 추이

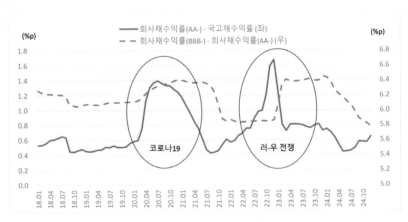

주) 수익률 위험스프레드 = 회사채수익률(3년, AA-)-국고채수익률(3년)/출처: 한국은행 경제통계시스템

수익률곡선

같은 금융상품이라 하여도 만기(maturity)가 다를 경우 만기에 따라 이자율은 다르게 결정된다. 일반적으로 만기가 길수록 불확실성이 커 이자율이 높게 결정된다. 수익률곡선 (yield curve)은 다른 조건이 같지만, 만기가 다를 때 이자율과 만기 기간과의 관계를 나타 낸 곡선이다. 보통 장기채권의 수익률이 단기채권의 수익률보다 높아 수익률곡선이 우상 향하는 것이 일반적이다.

<국고채 수익률곡선 예시>

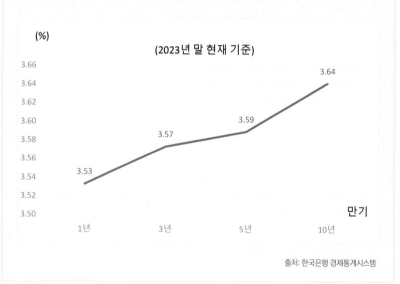

출처: 한국은행 경제통계시스템

IV

저축과 건전 투자

8장
우리나라의
금융회사

금융도 오랜 역사를 통해 사회의 요구에 맞춰 발전하고 있다. 이에 금융회사 업무도 분업화되면서 금융시장에는 다양한 금융회사들이 존재하고 있다. 국내 금융회사는 취급하는 금융서비스의 성격에 따라 크게 은행, 비은행 예금취급회사, 자본시장 금융회사, 보험회사, 기타 금융회사 등으로 구분할 수 있다.

|은행

 우리 생활에서 가장 밀접하고 익숙한 은행은 예금 또는 채권발행 등을 통해 불특정 다수로부터 자금을 조달하고 기업, 가계 등에 대출하는 금융회사이다. 국내 은행은 크게 은행법에 따라 설립되어 운영되는 일반은행, 개별 특수은행법에 따라 설립되어 운영되는 특수은행, 그리고 외국은행 국내 지점 등으로 구분된다.

국내 은행의 구분

은행	일반은행	시중은행
		지방은행
		인터넷전문은행
		외국은행 국내 지점
	특수은행	한국산업은행
		한국수출입은행
		중소기업은행
		농협은행
		수협은행

일반은행

 일반은행은 크게 고유, 부수, 겸영, 기타 등 4가지 업무를 다루고 있다. 고유 업무에는 예금과 대출업무, 유가증권 발행, 내·외국환 업무 등이 있다. 이중 예금은 은행이 고객으로부터 현금 등을 받아 관리·운용하는 금융자산으로서 은행의 자금조달에 있어 가장 중요하다. 예금은 크게 요구불예금(당좌예금, 보통예금 등)과 저축성예금(정기예금, 저축예금 등)으로 분류된다. 대출은 고객예금 등으로 조달된 자금을 자금수요자인 개인 또는 기업에 대여하는 것으로 은행의 주된 자금 운용 수단이다. 그리고 주식이나 채권 등 유가증권을 발행하고, 원화와 외화를 환전하는 것도 고유 업무에 속한다.

부수 업무는 은행 업무를 영위하는 데 수반되는 업무로서, 이에는 유가증권 투자, 지급보증, 어음인수 그리고 환매조건부채권 매매 등이 있다. 유가증권 투자 업무는 국고채, 통안증권, 금융채, 주식 등 유가증권을 투자하는 업무이다. 또한 은행은 거래자의 의뢰에 따라 해당 거래자가 제삼자에게 부담하는 채무(확정채무)의 지급을 약정하거나 보증채무 등 장래에 부담하게 될 가능성이 있는 채무(우발채무)를 인수하는 지급보증 업무 등도 수행한다. 겸영 업무는 별도의 인가를 받아 영위하는 업무인데, 여기에는 종합금융업, 신탁업, 그리고 신용카드업 등이 있다. 이밖에 일반은행이 제한적 범위 내에서 취급하는 기타 업무에는 증권업무, 보험업무(방카슈랑스), 그리고 팩터링 업무, 상업어음 및 무역어음의 인수·매출업무 등이 있다.

+ 종합금융업: 여러 금융업무를 한 금융기관이 취급할 수 있도록 허가받아 수행하는 영업
+ 팩토링업무: 금융기관들이 기업으로부터 상업어음, 외상매출 증서 등 매출채권을 매입하면서 자금을 빌려주는 금융 방식

일반은행의 업무

고유 업무	• 예금의 수입(收入)과 대출 • 유가증권 발행 • 내·외국환 업무(지급 결제 업무) 등
부수 업무	은행 업무를 영위하는데 수반되는 업무 • 지급보증 • 유가증권 투자 • 어음인수 • 환매조건부채권 매매 등
겸영 업무	금융위원회로부터 별도의 인가를 받아 영위하는 업무 • 신탁업 • 신용카드업 등
기타	제한적인 범위 내에서 취급하는 업무 • 증권업무 • 보험업무(방카슈랑스) • 팩터링(factoring) 업무 • 상업어음 및 무역어음의 인수·매출업무 등

한편 은행은 영업지역을 기준으로 전국을 영업 대상으로 하는 시중은행과 주로 특정 지역을 기반으로 하는 지방은행으로 나누어 볼 수 있다. 2024년 12월 말 현재 전국 영업망을 지닌 시중은행 7개, 특정 지방을 중심으로 영업하는 지방은행 5개, 외국은행 국내 지점 35개가 영업 중이다. 그리고 지점이 없는 인터넷은행도 3개가 있다.

영업지역별 국내 은행	
시중은행	국민, 우리, 신한, 하나, SCB, 씨티, 아이엠뱅크(구 DGB 대구은행)
지방은행	BNK부산은행, BNK경남은행, 전북은행, 광주은행, 제주은행
인터넷은행	케이뱅크, 카카오뱅크, 토스뱅크

이야기로 만나는 금융

현대식 은행의 기원

여러 가지의 설이 있지만, 유럽의 금(金) 세공업자로부터 은행이 탄생했다고 보는 견해가 가장 설득력 있다. 과거 금이 화폐로 거래되던 시기에는 금이 부피와 무게 제약으로 가지고 다니기가 쉽지 않았고, 간혹 중량과 순도를 속이기도 했다. 이러한 단점을 해결하고자 사람들이 약간의 보관료를 내면서 금 세공업자에게 금을 맡겼는데, 이는 금 세공업자가 튼튼한 금고를 가지고 있어 안전한 보관이 가능하고 순도 또한 보증받을 수 있기 때문이었다. 이후 사람들이 금을 직접 주고받는 것보다 금 세공업자가 발행한 보관증을 이용해 상거래를 하게 되면서 맡겨둔 금을 실제로 찾으러 오는 경우가 드물어지자 금 세공업자들은 보관하고 있는 금을 가지고 돈이 필요한 사람에게 대출을 시작했다.

금 세공업자가 막대한 부를 축적하게 되면서 금을 맡긴 주인들이 금 세공업자가 자신들의 금을 이용해 돈을 번다는 사실을 알아차리고 항의하자, 금 세공업자는 대출로 발생하는 이익 일부를 금 주인들에게 나누어 주었는데 이것이 오늘날 예금 이자의 기원이 된다. 그럼 어떻게 맡아둔 금보다 더 많이 보관증을 남발할 수 있었을까? 이는 금 세공업자들의 경험에 따라 사람들이 금을 맡긴 후 찾아 쓰는 비율은 통상 맡긴 금의 10% 정도에 불과하다는 사실을 알게 되었기 때문이다. 이 10%라는 수치는 현재 은행이 사용하고 있는 지급준비율의 토대가 된다.

특수은행

특수은행은 수익성을 추구하는 일반은행들이 재원, 채산성 또는 전문성 등의 제약으로 충분한 자금공급이 어려운 특정 부문에 필요한 자금을 원활히 공급하기 위하여 특별법에 따라 설립된 은행이다. 민간으로부터의 예금 수입에 주로 의존하는 일반은행과는 달리 자금조달의 많은 부분을 재정자금과 채권발행에 의존한다. 중요한 산업자금의 공급을 목적으로 설립된 한국산업은행, 중화학공업 제품의 수출과 해외투자 등의 효율적 지원을 목적으로 설립된 한국수출입은행, 중소기업에 대한 신용 제도를 확립할 목적으로 설립된 기업은행 등이 여기에 속한다.

한국산업은행은 1954년 한국산업은행법에 의거, 중요 산업자금의 공급을 목적으로 정부가 전액 출자하여 설립하였다. 초기에는 주로 기간산업, 수출산업 및 중화학공업, 소재·부품산업 등에 대한 지원 업무를 취급하였으나, 1997년부터는 일반은행과 마찬가지로 예금 및 대출 업무도 취급하고 있다.

한국수출입은행은 중화학공업 제품의 수출과 해외투자 등의 효율적 지원을 목적으로 1976년 한국수출입은행법에 따라 설립되었다. 한국수출입은행은 상품의 수출 및 외국의 선진기술 도입을 촉진하기 위한 대출, 국내의 상품과 기술 수출을 촉진하기 위한 외국 정부와 외국인에 대한 대출, 해외투자 대출과 이에 부수되는 보증 업무 및 외국환 업무를 취급하고 있다.

기업은행은 중소기업에 대한 신용 제도를 확립할 목적으로 1961년 중소기업은행법에 따라 설립되었다. 중소기업은행은 주요 자금조달원이 예금에 관련된 업무를 일반은행과 마찬가지로 제한 없이 취급할 수 있다. 하지만 자금 운용은 중소기업에 대한 대출 및 어음할인을 기본원칙으로 하고 있다. 중소기업은행은 비록 특수은행에 속하기는 하지만 영업점도 많아서 금융소비자로서는 여타 일반은행과 거의 같은 업무를 취급하고 있는 것으로 느껴질 수 있다.

그뿐만 아니라 우리가 보통 농협과 수협이라 부르는 NH농협은행과 SH수협은행 등도 농업협동조합과 수산업협동조합의 중앙회의 신용사업부 이름이 바뀐 특수은행이다. 1961년 농업협동조합법에 따라 설립 (2000년 7월 축산업협동조합을 통합)된 농협은 조합원과 비조합원으로부터 예·적금을 수입하여 이를 대출하는 신용사업 부분과 일반 여·수신 지급보증, 상호부금, 팩토링, 신탁 및 신용카드 업무 등 일반은행과 같은 업무를 취급하고 있다. 한편 수산업협동조합은 1962년 수산업협동조합법에 따라 설립되었으며, 조합원과 비조합원으로부터 예·적금을 수입하여 어업자금, 양식업자금, 어선 건조 자금 등 수산 자금 대출과 계통 조합 육성 자금으로 운영하고 있다. 그리고 이들 중앙회는 지역의 단위조합이 출자하여 이루어지는데 단위조합은 특수은행인 중앙회와는 달리 상호금융기관으로 분류한다. 따라서 일반인의 관점에서 농협이나 수협은 이원화되어 있는 조직이라 할 수 있다.

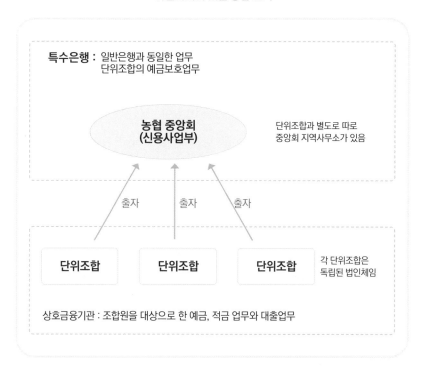

이원화되어 있는 농협 조직

특수은행 : 일반은행과 동일한 업무
단위조합의 예금보호업무

농협 중앙회
(신용사업부)

단위조합과 별도로 따로
중앙회 지역사무소가 있음

출자 출자 출자

단위조합 단위조합 단위조합

각 단위조합은
독립된 법인체임

상호금융기관 : 조합원을 대상으로 한 예금, 적금 업무와 대출업무

은행신탁

일반은행과 특수은행은 별도의 인가를 받아 신탁(信託)업무를 겸영하고 있다. 우리나라의 신탁업무는 1961년 신탁법 및 신탁업법의 제정을 계기로 본격적인 발전의 계기를 맞았다. 현재 한국수출입은행을 제외한 모든 국내 은행과 일부 외국은행의 국내 지점이 신탁업을 겸영하고 있다. 보통 은행 신탁이라 하는데 위탁자로부터 금전 및 재산을 신탁받아 이를 유가증권, 대출금 등으로 운용하고 그 수익을 분배하는 업무이다. 은행은 일정률의 신탁업무 수수료 수입만을 얻는다.

일반적으로 은행신탁은 인수 재산의 형태에 따라 크게 금전을 수탁받아 운용하는 금전신탁과 유가증권·금전채권·부동산 등을 수탁받아 운용하는 재산신탁으로 구분·운용되어 왔다. 금전신탁은 금전을 수탁받아 신탁계약 종료 시 금전 또는 운용 현상대로 수익자에게 내주는 신탁으로 은행 신탁의 대부분을 차지하고 있다. 재산신탁은 유가증권·금전채권·부동산 등을 수탁받아 신탁계약 내용에 따라 관리·처분·운용한 후 신탁계약 종료 시 금전 또는 신탁재산 그대로 수익자에게 내주는 신탁이다. 2005년 이를 통합한 종합신탁제도도 도입되어 운용되고 있다.

금융 용어 따라잡기

이자수익과 비이자수익

은행의 수입원은 크게 이자수익과 비이자수익으로 구분한다. 이자수익은 은행이 예금 고객에게 지급하는 예금 이자와 대출이자 간의 차이로 벌어들이는 수익을 말한다. 그리고 비이자수익은 수수료 수익이라고도 하는데 환전할 때 발생하는 환전수수료, 증빙서류를 발급할 때 받는 수수료, 펀드 및 방카슈랑스 판매 수수료, 송금수수료, 문자 통지 서비스 수수료 등 이자수익이 아닌 다른 분야에서 발생하는 수익을 통틀어서 일컫는 말이다. 과거에는 은행의 업무 특성상 전통적 업무에 발생하는 이자수익이 은행수익의 많은 부분을 차지했으나 저금리 기조로 들어서면서 이자수익이 줄어드는 추세이다.

|비은행 예금취급회사

은행이 아닌 다른 금융회사들도 예금을 받고 있다. 이를 비은행 예금취급회사라 하며, 흔히들 은행법의 적용을 받지 않는 제2 금융이라고 한다. 여기에는 서민금융회사와 기타 예금취급회사 등으로 구분할 수 있다.

서민금융회사

서민금융회사에는 상호저축은행과 신용협동기구가 있다. 상호저축은행은 지역의 서민 및 소규모 기업에 금융 편의를 제공할 목적으로 설립되었다. 상호저축은행은 1972년 8·3 긴급경제 조치에 따른, 이른바 사금융 양성화 조치의 하나로 「상호신용금고법」이 제정되면서 등장한 상호신용금고가 2002년 3월 상호저축은행으로 명칭이 변경되면서 현재에 이르고 있다. 주요 업무는 신용부금, 예금 및 적금의 수입, 대출, 어음할인 등이며, 이는 은행의 내국환 업무와 거의 유사하다.

신용협동기구는 조합원에 대한 저축과 여·수신을 통한 조합원 상호 간의 공동이익 추구를 목적으로 설립된 금융기관이다. 조합원들의 예탁금, 적금 등의 자금으로 회원들에게 대출해 주는 신용사업 등을 수행하고 있다. 현재 국내 신용협동기구는 신용협동조합, 새마을금고, 상호금융회사(농협 단위조합, 수산업협동조합의 단위조합) 등이 있다.

이중 신용협동조합(credit union)은 1972년 「신용협동조합법」에 의해 제도화되었으며, 주요 업무로 조합원의 예탁금·적금의 수입·대출, 내국환 업무, 국가·공공단체·중앙회 및 금융기관의 업무 대리, 보호예수(고객의 유가증권이나 문서, 귀중품 등을 맡아 보관), 어음할인 등의 업무를 취급한다. 새마을금고의 경우 1982년 12월 「새마을금고법」이 제정되면서 독자적인 설립 기반이 마련되었다. 새마을금고는 어음할인을 제외하고는 신용협동조합과 같은 업무를 수행한다. 그리고 상호금융회사는 주로 조합원들의 예수금으로 자금을 조달하여 대출금, 유가증권 등으로 운용하고 있다. 1972년 「신용협동조합법」이 제정됨에 따라 농협 단위조합이 제도금융으로서의 법적 기반을 갖추었고, 이후 수협 단위조합, 산림조합과 인삼협동조합의 단위조합 등도 상호금융 업무를 시작하였다.

기타 예금취급회사

국내에서는 종합금융회사, 우체국예금 등도 예금을 취급하고 있다. 종합금융회사란 종합이라는 이름에서 나타나고 있듯이 증권 중개 업무와 보험업무를 제외한 거의 모든 금융업을 영위할 수 있는 금융기관이다. 주로 발행어음, CMA(cash management account, 자산관리계좌), 차입금, 채권발행 등으로 자금을 조달하여 유가증권, CP(기업어음) 할인 등 대출, 리스자산 등으로 운용하고 있다. 1975년 12월 「종합금융회사에 관한 법률」에 의거 민간 부문의 원활한 외자 조달과 종합적인 금융서비스 제공을 위해 설립된 금융기관이다. 1997년 말 30개에 이르던 종합금융회사는 외환위기를 겪으면서 대부분 구조조정 되면서 은행 등에서 종합금융업을 대행하고 있으며, '우리종합금융회사'가 2024년 중 마지막으로 증권회사로 탈바꿈하면서 2024년 말 현재 영업 중인 독립된 종합금융회사는 완전히 역사속으로 사라졌다.

그리고 우체국예금은 전국의 체신 관서를 금융 창구로 활용하여 서민 및 도시의 소액 가계 저축 예수를 주 업무로 하고 있다. 우체국예금으로 조달된 자금은 금융기관 예탁, 국가·지방자치단체·은행 등이 발행하는 유가증권 및 정부 투자기관이 발행하는 주식 매입에 한정하여 운용되고 있다. 한편 우체국예금은 국가(2024년 말 현재 과학기술정보통신부)가 경영하고, 그 원리금에 대해서는 정부가 지급 책임을 지고 있어서 예금보험공사의 예금보험기금에 가입되어 있지 않다. 그리고 우체국에서는 예금뿐만 아니라 간단한 보험 업무도 취급하고 있다.

|자본시장 금융회사

일반적으로 투자자들이 주식 등 자본시장 상품을 투자하는 방법에는 직접 그 상품을 구매하는 직접투자와 직접 구매하지 않고 다양한 펀드 상품 등에 대신 투자하는 간접투자가 있다. 현재 국내 자본시장에서 다양한 금융투자 업무를 담당하는 금융회사는 증권회사, 자산운용회사, 선물회사, 신탁회사, 증권회사, 투자자문회사, 투자일임회사 등이 있다. 그중에서도 투자자 측면에서 보면 직접투자를 중개하는 기관이 증권회사, 간접투자를 담당하는 기관이 자산운용회사이다.

증권회사

증권회사는 자본시장에서 주식, 채권 등 유가증권의 발행을 주선하고, 발행된 유가증권의 매매를 중개하는 것을 주요 업무로 하는 금융회사이다. 증권회사는 자본시장에서 기업이 발행한 증권을 매개로 하여 투자자의 자금을 기업에 이전시켜 주는 기능을 수행하며, 기업과 투자자를 직접 연결한다는 점에서 저축자의 예금을 받아 기업에 대출하는 은행과는 근본적으로 업무 성격이 다르다. 증권회사의 고유 업무로는 자기매매업무, 위탁매매업무, 유가증권의 인수·주선 업무 등이 대표적이다. 자기매매업무(dealing)는 증권회사가 자기 재산으로 지속·반복적으로 유가증권을 사고파는 업무이다. 그리고 위탁매매업무(brokerage)는 고객의 매매주문을 성사하고, 수수료를 받는 중개 업무이다. 유가증권의 인수·주선 업무(underwriting)는 신규 발행된 유가증권을 증권회사가 매출할 목적으로 취득하거나, 일반투자자에게 발행된 유가증권의 청약을 권유하는 업무이다. 2024년 9월 말 현재 외국계 회사를 포함하여 국내시장에서 영업하고 있는 증권회사는 총 61개가 있다.

자산운용회사

자산운용회사란 주로 불특정 다수의 투자자로부터 위탁받은 자금을 유가증권 등에 투자하여 창출한 수익을 투자자에게 배분하는 간접투자의 운용 주체이다. 이들은 금융시장 내 다양한 금융상품으로 펀드를 구성하여 운용한다. 이때 펀드 판매는 영업점이 많은 은행, 증권사, 보험사 등에 위탁하고, 투자자에게 판매한 자금을 안전하게 보관하기 위해서 은행 등의 수탁회사에 맡긴다. 수탁회사는 자산운용회사의 지시를 받아 투자자의 자금을 관리하고, 유가증권을 보관하거나 관리하는 업무를 한다. 2024년 9월 말 현재 외국계 회사를 포함하여 국내시장에서 영업하고 있는 자산운용회사는 총 485개가 있다.

자산운용 시스템

투자자 투자자 투자자 투자자 투자자 투자자 투자자

자산운용회사
투자신탁운용회사

펀드매니저 + 이코노미스트

분산투자(주식, 채권, 단기금융상품 등)
파생금융상품 등을 이용한 리스크관리

분배

운용수익

이외에도 자본시장에서는 다양한 금융회사들이 활동하고 있다. 증권회사와 일반투자가에게 증권의 취득, 인수, 보유 및 매매와 관련한 자금을 공급하거나 증권을 대여해 주는 업무를 전문적으로 취급하는 증권금융회사가 있다. 선물거래 영업을 하는 선물회사가 있으며, 금융회사 간 원화 및 외화 자금거래의 중개 업무를 전문으로 취급하는 자금중개회사도 있다. 다수의 투자자로부터 자금을 모아 부동산이나 부동산 관련 대출, 유가증권 등에 투자하고 발생하는 수익을 투자자들에게 배당하는 부동산신탁회사도 있다.

그리고 유가증권의 가치 또는 유가증권 투자에 대해 고객에게 조언하는 투자자문업 또는 고객으로부터 투자 판단의 전부 또는 일부를 위임받아 고객을 위하여 투자하는 투자일임(投資一任)을 영위하는 투자자문회사가 있다. 2024년 9월 말 현재 외국계 회사를 포함하여 국내시장에서 영업하고 있는 투자자문사는 총 426개가 있다. 하지만 단기간 고수익을 내세우며 정체를 알 수 없는 운용 전략으로 투자자를 현혹하는 미등록 유사 투자자문회사들이 적지 않다.

주의해야 할 유사 투자자문

코로나19 팬데믹으로 증가한 유동성으로 인해 과열된 투자시장의 틈새를 이용하면서 급등한 유사 투자자문 행위가 좀처럼 수그러지지 않고 있다. 유사 투자자문 서비스의 불법행위로 증가한 소비자 피해는 경제적 문제뿐만 아니라 사회문제로 점차 비화하고 있다. 유사 투자자문업은 주로 통신판매업 형태의 비제도권 금융업이다. 불특정다수인을 대상으로 간행물·출판물·통신물 또는 방송 등을 통한 단순 투자 조언을 영업으로 하는 자를 말한다. 투자자문이란 명칭의 사용이 금지되며, 보통 ○○투자클럽, ○○인베스트, ○○스탁, ○○주식연구소 등의 이름으로 사용하고 있다. 유사 투자자문업의 서비스는 투자자문업의 서비스가 자본시장법상의 투자자문 계약인 것과 달리 일반 개인 간 서비스 계약이다.

유사 투자자문 서비스가 문제인 것은 주로 주식 리딩방, 유튜브, 증권방송 등을 통해 수익률 허위·과장광고를 통해 투자자를 유인하여, 이 중 상당한 투자자들을 유료 회원으로 이끌어 불법 영업행위를 하고 있다. 미등록 투자자문·일임 제공 대가로 고가의 이용료 수취 무자격자의 자문·일임에 따라 투자자는 이용료 외에도 투자 원금 손실 등 금전적 피해 발생시키고 있다. 유사 투자자문 서비스를 받은 소비자의 투자 손실로 인한 소비자 피해가 지속하고 있다.

이에 따라 일반투자자들은 업체가 유사 투자자문업자인지, 불분명하다면 금감원 파인 홈페이지에서 금융위에 등록된 정식 투자자문 업체명을 통해 확인해야 한다. 유사 투자자문업자 신고 조회는 금융소비자정보포털 「파인」(http://fine.fss.or.kr)에 접속하여 '유사 투자자문업자 신고 현황' 메뉴에서 가능하다. 이 서비스에 이름이 조회되지 않는 회사라면 한 번쯤 의심해 볼 필요가 있다.

금융투자회사, 한국형 투자은행

2009년 초부터 「자본시장법」이 시행되면서 우리나라에도 투자은행이 탄생할 수 있는 여건이 갖추어졌다. 14개로 흩어져 있던 법이 하나로 통합되면서 금융투자 관련 업무의 전부 또는 일부를 담당하는 금융투자회사가 탄생하였다. 우리에게 익숙한 증권회사도 하나의 금융투자회사이다. 현행 자본시장법은 금융투자 업무를 투자매매업, 투자중개업, 집합투자업, 투자일임업, 투자자문업, 신탁업 등 여섯 가지 업무로 구분하고 있지만 국내의 금융투자회사는 아직 주식의 중개 업무(brokerage)에 더 역점을 두고 있다. 하지만 앞으로는 대부분 투자 상품을 취급할 수 있는 투자은행의 기능을 지니게 되어 머지않아 골드만삭스 등과 같은 한국판 대형 투자은행도 나타나게 될 것이다. 그렇게 되면 금융시장은 크게 은행, 보험, 금융투자회사 3대 축으로 재편되고, 이중 금융투자회사는 앞으로 자본시장 중심의 동북아 금융 중심지에서 핵심적인 역할을 할 것으로 전망된다.

금융 용어 따라잡기

상업은행과 투자은행

보통 미국과 유럽 등 금융 선진국에서는 은행이라고 불리는 금융회사는 간접금융시장의 중심에 있는 상업은행(commercial bank)과 직접금융시장에서 핵심적인 역할을 하는 투자은행(investment bank) 등으로 구분된다. 상업은행은 고객의 예금을 기반으로 대출업무에 주력하는 우리나라의 일반은행과 같다.

반면 투자은행은 자신의 자본과 명성으로 자본시장에서 대규모 자본을 조달한 뒤 기업이 발행한 증권을 인수함으로써 기업의 장기 자금을 공급하며, 이 과정에서 발생하는 위험을 적극적으로 부담하는 금융회사를 일컫는다. 그뿐만 아니라 기업공개(IPO), 증자, 회사채 발행, 구조화 금융(structured finance), 인수합병(M&A) 등을 주관하고 자문하는 업무도 적극적으로 담당한다. 우리에게 잘 알려진 제피모건체이스(JPMorgan Chase), 골드만삭스(Goldman Sachs), 크레딧스위스(Credit Suisse) 모건스탠리(Morgan Stanley) 등은 세계 자본시장에서 다양한 업무를 수행하면서 자기 경쟁력을 키워 세계적인 투자 금융회사로 성장하였다.

|보험회사

우리는 누구에게나 예기치 않는 질병, 재난, 사고 등과 같은 다양한 위험에 직면해 있다. 보험이란 이러한 위험으로부터 발생할 손실을 저렴한 비용으로 회피하는 금융적 방법이며, 이를 담당하는 회사가 바로 보험회사이다. 보험회사는 다수의 보험계약자로부터 보험료를 받아 자금을 모으고, 이 자금을 대출하거나 유가증권, 부동산 등에 투자하여 보험계약자가 사망, 질병, 재난, 사고 등에 직면할 때 보험금을 지급하는 업무를 수행한다. 일반적으로 보험회사는 생명보험회사와 손해보험회사 등으로 구분된다. 보험에 대해서는 뒤에서 더욱 자세히 다루고 있다.

생명보험회사

생명보험회사란 사람의 생명이나 건강이 관련된 사고로 인해 발생하는 경제적 손실을 보전하기 위해 설립된 금융회사이다. 생명보험회사는 주로 보험료 수입의 적립금인 보험계약준비금으로 조달한 자금을 유가증권 투자 및 대출 등으로 운용하며, 주로 취급하고 있는 보험상품은 피보험자를 기준으로 개인보험과 단체보험으로 구분된다. 개인보험은 다시 보험금 지급조건에 따라 피보험자의 장해 또는 사망 시 보험금이 지급되는 사망보험(보장성보험), 만기일까지 생존하면 지급되는 생존보험(연금보험, 교육보험 등), 사망보험과 생존보험이 절충된 생사혼합보험(양로보험 등)으로 세분된다. 단체보험에는 종업원퇴직적립보험 등이 있다. 2024년 9월 말 현재 외국계 회사를 포함하여 국내시장에서 영업하고 있는 생명보험회사는 총 22개가 있다.

손해보험회사

손해보험회사는 개인이 소유하고 있는 물건이나 재산에 사고가 발생하여 경제적 손실이 생기거나 다른 사람에게 끼친 손해를 보상해 주기 위해 설립된 금융회사이다. 손해보험은 각종 사고 발생에 따른 재산상의 손실위험에 공동 대처하기 위한 상호 보장적 성격의 사회제도로서, 장기 저축 기능과 상호 보장적 기능이 혼합된 생명보험과는 그 성격이 다르다. 손해보험회사가 취급하고 있는 보험 종목은 부보(付保, 보험에 가입하고자 하는 대상의 경제적 평가액에 대하여 보험에 듦) 위험의 대상에 따라 화재, 해상, 자동차, 보증, 특종, 연금, 장기 저축성 및 해외 원보험 등으로 나눌 수 있으며, 보험계약준비금으로 조달한 자금은 유가증권 투자 및 대출 등으로 운용된다. 한편 손해보험회사 중에서 재보험회사도 있다. 비행기 폭파 사고 등과 같이 사고 규모가 매우 클 때 한 회사가 이를 감당할 수 없으므로 대개 손해보험회사는 다시 보험을 든다. 이를 재보험이라고 하는데 재보험기관으로는 세계적으로 로이드(Lloyd) 등이 유명하며, 국내 재보험기관으로는 코리안리(KoreanRe)가 있다. 2024년 9월 말 현재 외국계 회사를 포함하여 국내시장에서 영업하고 있는 손해보험회사는 총 31개가 있다.

보증보험회사 등

보증보험은 각종 거래 행위에서 발생하는 신용위험을 감소시키기 위하여 보험에서 취급하는 보증제도이다. 현재 손해보험회사에 속하는 서울보증보험은 일반적인 보증보험을 담당하고 있으며, 여타 특별한 목적의 보증보험은 대부분 공공기관이 담당하고 있다. 기술보증기금은 기술 평가시스템에 근거하여 기술 혁신형 기업의 보증을, 주택도시보증공사는 주택분양 보증, 임대보증금 보증, 조합주택시공 보증, 전세보증금반환 보증, 주택모기지 보증 등을 담당한다.

그리고 우체국은 생명보험만을 취급하고 있으며, 1인당 계약 보험의 한도는 현재 4천만 원으로 제한되어 있다. 납부된 보험료의 운용은 우체국 보험기금이 전담하고 있는데, 금융회사의 예치가 가장 큰 비중을 점하고 있으며 그밖에 유가증권 투자, 대출 등으로 운용하고 있다.

|기타 금융회사

이 밖에도 다양한 금융회사들이 금융시장에서 활동하고 있다. 이 중에서 고객의 예금을 바탕으로 돈을 빌려주거나 투자하는 회사도 있지만, 고객으로부터 예금을 수취하지 않고 자체적으로 자금을 조달하여 가계나 기업에 돈을 빌려주는 금융회사들이 있다. 또한 여러 종류의 금융회사를 자회사로 한 금융지주회사도 있다. 그리고 아직 정식 제도권 금융회사로 분류되지는 않지만, 대부업 회사도 있고, 금융시장이 선순환되도록 하는 데 필요한 금융 보조기관 및 공적 금융기관 등이 있다.

여신금융회사

국내 여신금융회사는 신용카드, 시설대여(리스), 할부금융 그리고 신기술 사업 금융업을 영위하는 회사 등 여신 업무를 전문적으로 수행하는 금융회사이다.

첫째, 대표적인 여신금융회사인 신용카드회사는 신용카드 이용 관련 소비자금융을 영위하는 금융기관으로 신용카드업법에 근거를 두고 있다. 신용카드회사는 신용카드 이용 관련 대금의 결제, 신용카드의 발행과 관리 등을 기본업무로 하며, 신용카드회원에 대한 현금서비스, 직불카드의 발행과 대금결제 등의 부수 업무도 취급한다. 신용카드회사는 소비자가 구매하는 상품의 가격을 미리 지급하고 결제일에 한꺼번에 금액을 받거나 나누어서 갚게 하고, 그 기간에 발생하는 이자소득이나 사용 수수료 등이 주된 수입이다. 2024년 9월 말 현재 국내 카드회사는 은행계, 산업계 등 총 8개가 있다.

둘째, 연불판매 업무와 시설대여 업무를 취급하는 리스회사가 있다. 여기서 연불(延拂, deferred payment)이란 우리의 외상과 비슷한 개념인데, 선박 등과 같이 그 대금이 매우 클 때 먼저 물건을 양도하고, 그 대금은 나중에 받는 금융기법이다. 시설대여는 기계, 차량, 선박이나 항공기 등 특정 물건을 새로이 취득하거나 대여받아 고객에게 일정 기간 이상 사용하게 하고 그 기간 중 일정 대가를 정기적으로 나누어 수취하는 금융이다. 리스회사는 건물, 자동차, 기계, 사무기기 등을 구매하여 사용자에게 대여하여 사용료를 받는 일을 한다. 리스 서비스를 이용하는 소비자는 자산관리의 부담이나 한꺼번에 많은 자금을 마련할 필요가 없어 리스회사를 많이 이용한다. 2024년 9월 말 현재 국내 리스회사는 총 27개가 있다.

셋째, 할부금융 이용자에게 재화와 용역의 구매 자금을 제공하는 소비자금융을 취급하는 할부금융회사가 있다. 할부금융업은 신용카드업법을 근거로 1995년 관련 법규를 정비함으로써 도입되었다. 할부금융은 할부금융회사가 재화와 용역의 매도인 및 매수인과 각각 약정을 체결하여 재화와 용역의 구매 자금을 매도인에게 지급하고 매수인으로부터 그 원리금을 나누어 상환받는 방식의 금융이다. 할부금융 자금은 상품 구매 목적 이외에 다른 목적으로 대출받는 것을 방지하기 위해 소비자에게 대출하지 않고 판매자에게 직접 지급하게 되어 있다. 2024년 9월 말 현재 국내 할부금융회사는 총 25개가 있다. 금융회사 이름에 주로 '○○캐피탈'이라는 이름이 붙은 금융회사들이 대부분 전형적인 리스회사이거나 할부금융회사이다.

넷째, 벤처기업에 대한 투자를 통해 수익을 추구하는 신기술사업금융회사가 있다. 이는 기술력과 장래성은 있으나 자본과 경영기반이 취약한 기업에 대해 투자와 대출을 통한 자금지원, 경영과 기술의 지도 등을 통해 수익을 추구하는 회사이다. 2024년 9월 말 현재 국내 신기술사업금융회사는 총 124개가 있다.

금융지주회사

금융지주회사(financial holding company)란 금융회사를 자회사로 거느리는 지주회사를 말한다. 금융지주회사는 금융회사의 사업 활동을 지배할 목적으로 금융기관 주식을 보유한 일종의 서류상 회사(paper company)로서 은행, 증권, 보험 등 다양한 금융계열사를 동시에 소유하는 형태다.

금융회사들이 자회사가 아닌 금융지주회사 형태로 만드는 이유는 계열사 간에 서로 위험을 차단하면서 원활한 협력 체제를 구축할 수 있을 뿐만 아니라 신인도를 높여 영업력을 활성화할 수 있으며, 합병 등 대형화에도 발 빠르게 대응할 수 있기 때문이다. 이러한 장점 때문에 금융지주회사 구축이 대세이다. 우리나라에는 외환위기 직후 최초로 설립된 우리금융지주 회사를 비롯해 신한금융지주, 하나금융지주, KB금융지주, 농협금융지주, BNK금융지주, DGB금융지주, JB금융지주 등 은행이 중심이 된 은행지주회사이다. 그리고 한국투자금융지주는 증권회사가 중심이 된 비은행 지주회사이며, 메리츠금융지주는 보험회사가 중심이 된 비은행 금융지주회사로 분류된다. 2024년 9월 말 현재 10개의 금융지주회사가 있으며, 앞으로 점점 늘어갈 것으로 전망된다.

금융지주회사

```
                    금융지주회사
    ┌──────┬──────┼──────┬──────┐
  은행    증권사   보험사  자산운용사  기타
```

금융 보조회사

자산보유자로부터 양도 또는 신탁받은 자산을 기초로 한 자산유동화증권(ABS: asset-backed securities)을 발행하고, 이의 관리·운용·처분에 의한 수익으로 원리금·배당금·수익금을 지급하는 업무를 영위하는 유동화 전문회사가 있다. 그리고 주택 관련 중장기대출이 가능한 모기지론을 보증하여 장기 주택자금의 공급을 확대하고 있는 한국주택금융공사가 있다. 그뿐만 아니라 신용보증회사, 신용평가회사, 예금보험공사, 한국자산관리공사(KAMCO), 금융결제원, 한국증권선물거래소 등 금융기관의 범주에는 들지는 않지만, 금융회사와 금융거래에 밀접하게 관련된 서비스를 제공하는 금융중개 보조회사 등도 있다.

대부업 회사

대부업 회사는 주로 급전이 필요한 사람한테 금전을 빌려주는 것을 주된 업으로 한다. 대부업은 2002년 8월 「대부업 등의 등록 및 금융이용자 보호에 관한 법률」이 제정되면서 양성화된 이후 1997년 외환위기 이후 가계의 자금 수요 증가 등으로 빠르게 성장하였다. 하지만 등록된 대부업이 아니라 불법 사금융에 의한 불법적인 채권추심, 고금리 부과 등이 사회문제가 되면서 대부업의 투명성 확보와 대부금융 이용자 보호가 주요 과제로 제기되고 있다.

등록 대부업의 재인식

대부업이 등록·관리되면서 이전의 사금융 시절과는 비교할 수 없을 정도로 건전해졌다. 무엇보다도 등록을 통한 양성화로 현재 등록대부업의 불법 추심 행위가 거의 사라졌고, 사금융 시기에 문제가 되었던 폭행, 협박, 감금 등 불법 추심 행위뿐만 아니라 대부계약 체결 시의 불법·부당 사례 등은 등록대부업에서는 찾아보기 힘들다. 과거 사금융 시기에 비해 대부업 이용자가 여타 제도권 금융기관과 같이 경제활동인구 중심으로 일반화되고 있다. 예컨대 고학력 이용자가 증대하고, 직장인의 비중이 증가하고, 자금 용도도 기존 채무상환에서 대부분 가계 생활자금으로 바뀌었다. 저축은행, 상호금융 등 여타 제도권 서민금융회사를 대신하여 대출 금리 또한 별반 차이가 없는 수준에서 저신용·저소득 계층을 대상으로 서민금융을 하면서 나름 금융 소외 해소에 크게 이바지하였다. 하지만 코로나 팬데믹을 거치면서 대부업 대출이 약화하면서 저소득·저신용자의 금융 소외가 심화하고, 이에 따라 불법사금융 사례가 증가하고 있는 것이 안타깝다.

9장
저축과
유의 사항

돈을 모으는 데는 뭐니 뭐니 해도 투자보다는 저축이 가장 손쉽고 안전하다. 하지만 저축한답시고 무턱대고 금융기관에 맡기는 것만이 능사가 아니다. 금융기관이나 금융상품을 잘 선택해야 한다. 저축할 때 유의해야 점과 최근 새롭게 부각하고 있는 유사 저축 상품에 대해 알아보기로 한다.

|저축의 선택과 목적

저축(saving)은 통상 '일정 기간 벌어들인 소득 중에서 미래의 지출에 대비하여 현재 쓰지 않고 남기는 부분'이라고 정의할 수 있다. 많은 사람이 저축과 투자를 혼동하고 있는데, 무엇보다도 자기 스스로 투자가 아니라 저축하는 이유를 분명히 해야 한다.

저축과 투자의 선택

저축과 투자는 모두 미래에 더 큰 이익을 얻을 목적으로 현재의 소비를 희생하는 행위인 점은 같으나 개념상 큰 차이가 있다. 광의의 개념으로는 저축이란 건전한 투자를 포함한다. 대표적인 저축 수단으로는 은행의 정기예금 등을 들 수 있는데, 정기예금을 통해 원금 손실 없이 정해진 이자수익을 얻을 수 있으나 그 이상의 수익은 어렵다. 자산의 증식을 위해서 투자를 통해 기본적으로 고위험·고수익을 추구할 것인가, 아니면 위험을 회피하고 안정적인 수익을 추구할 것인가를 선택해야 한다.

저축과 투자의 선택은 상반되는 관계에 있는 안전성, 수익성, 그리고 환금성 등 3가지 요소를 적절히 고려하면서 결정해야 한다. 수익성이란 일정 기간 투자한 결과 발생하는 이익의 정도로서 장기적으로 보면 보통 주식이나 부동산에 투자하는 것이 은행의 예금 등에 저축하는 것보다 높다. 안전성이란 투자한 원금에서 손실이 나지 않을 가능성으로 대개 투자위험에 반비례한다. 일반적으로 수익성과는 반대로 주식이나 부동산에 투자하는 것은 은행예금에 저축하는 것보다 안전성이 낮다. 그리고 유동성이라고도 불리는 환금성은 필요할 때 얼마나 쉽게 현금으로 전환할 수 있는가를 의미한다. 대개 부동산이 가장 낮고, 그다음으로 펀드 등과 같이 일정 기간 환매가 제한된 금융투자 상품이며, 주식, 예금 등 저축이 가장 높다.

저축과 투자의 선택

금융 용어 따라잡기

요구불예금 vs 저축성예금

은행에 예금하러 갈 경우, 너무나 많은 종류의 예금상품 때문에 무엇을 선택할지 고민한 적이 있을 것이다. 은행의 예금은 크게 요구불예금과 저축성예금으로 구분된다. 요구불예금은 일시적으로 보관하거나 출납의 편의를 도모하는 것을 목적으로 하고 있으며, 예금주가 인출을 요구하면 언제든지 무조건 지급해야 하는 예금이다. 이에는 당좌예금, 보통예금, 가계당좌예금 및 별단예금 등이 있다.

한편 저축성예금은 기본적으로 저축 또는 이자 수입을 주목적으로 하며, 예금의 납입과 인출 방법 등에 일정한 제약조건이 있는 기한부 예금이다. 이에는 정기예금, 저축예금, 자유 저축예금, 정기적금, 상호부금, 목돈마련저축 등이 있다.

목적별 저축 상품

저축은 작게는 자신이 정한 재화나 서비스의 구매, 크게는 결혼, 주택 구매, 자녀 교육, 자동차 구매, 편안한 노후 생활 등을 위한 중요한 수단이다. 하지만 현명한 저축을 위해서는 자기 스스로 저축하는 목적을 분명히 해야 한다. 무작정 저축하기보다 미래의 자금 사용 목적에 따라 금융상품을 선택하여야 한다. 저축하기 전에 주택 구매, 노후 생활자금 또는 자녀의 교육자금을 마련하기 위해서거나, 목돈을 마련하거나 목돈을 안전하게 불리기 위해서와 같은 가능한 저축하는 목적을 세분화할 필요가 있다.

일반적으로 저축 상품은 은행뿐만 아니라 상호저축은행과 신용협동조합 등 소위 제2 금융기관, 증권회사와 보험사 등에서도 선택할 수 있다. 하지만 그 종류가 워낙 많아 일일이 열거하기 어렵고, 금융기관에 비치된 팸플릿을 보면 어지러울 정도로 복잡하다. 그러나 아무리 종류가 많고, 복잡하다 해도 목적별로 큰 덩어리로 분류하면 생각 외로 간단하다.

자금이 필요할 때 언제든지 찾아 쓰고, 공과금 납부 등 일상생활에 편리한 자유로운 입출금 목적의 통장이 있다. 또한 목돈을 위한 통장이 있다. 여기에는 일정 기간 맡긴 후 만기에 원리금을 되돌려 받는 거치식 상품이 있는가 하면, 매월 일정액을 납부하는 적립식 상품 등 목돈 마련 상품이 있고, 여유자금을 단기간 운용하는 데 적절한 목돈을 불리는 목적의 통장이 있다. 그리고 주택 마련과 노후 생활자금 마련 등의 목적에 따라 특별히 개발된 장기 저축 상품이 있다. 따라서 언제 어떻게 쓸 것인지 미리 계획하여 자신에게 가장 알맞은 저축 수단을 찾는 것이 중요하다.

목적별 주요 금융저축 상품

목적	상품 종류
자유로운 입출금	저축예금, 가계당좌예금, 시장금리부 수시입출금식 예금(MMDA)
목돈 마련	정기적금, 근로자장기저축, 근로자우대저축
목돈 불림	(1년 이내) 실세금리연동형 정기예금, 양도성예금증서(CD), 단기금융상품, 자산관리계좌(CMA), 단기 공사채형 수익증권 (1년 이상) 정기예금, 특판정기예(적)금, 정기예탁금, 금융채, 소액채권저축, 장기 공사채형 수익증권, 맞춤형 신탁, 단위형 금전신탁
주택 마련	주택청약저축, 주택청약예금, 주택청약부금, 장기주택마련저축, 근로자 및 서민 주택자금 대출
노후 생활자금 마련	신 개인연금저축, 연금 투자신탁, 연금보험
교육자금 마련	장학적금, 교육보험
증권투자 관련	비과세근로자주식저축, 근로자증권저축, 근로자 장기 증권저축
보험 관련	실세 금리 연동형 보험, 여성 건강보험

+ MMDA: money market deposit account(시장금리부 수시입출금식 예금)
+ CMA: cash management account(자산관리계좌)

주) 경제 상황과 정부 정책 등에 의해 변경될 수 있음

예금 · 적금 · 부금

통상 저금(저축)을 이야기할 때 예금, 적금, 부금의 개념에 대해 그 차이점을 명확히 구분하지 못하곤 한다. 예금(預金, deposit)은 은행 등의 금융기관에 돈을 맡기는 행위, 또는 그 돈을 의미하는 다소 넓은 개념의 저금이다. 적금(積金, installment saving)은 일정 기간, 일정 금액을 납부한 다음 만기가 되면 찾기로 약속된 저금의 일종이다. 그리고 부금(賦金, installment)은 일정한 기간마다 부어 나가는 저금을 뜻한다.

|저축할 때 유의 사항

금융저축의 목적이 결정되고 이에 맞는 금융상품을 찾았다고 무턱대고 돈을 맡겨서는 안 된다. 저축 상품에도 저축 기간, 금리, 세금 등 여러 가지 사항을 고려하면서 선택하여야 한다.

저축 기간의 선정

금융저축의 목적이 세워졌으면 그 예치 자금을 찾을 시점을 예측해야 한다. 신중하게 기간을 예측한 이후에 금융상품을 골라야 실제 높은 수익을 가질 수 있다. 지출 계획 없이 높은 금리만을 보고 무조건 장기 상품에 가입한다면 다급하거나 예상할 수 있었던 사정으로 중도 해지할 때 해지 수수료를 내거나, 약정 금리보다 훨씬 낮은 중도 해지 이율을 적용 당하는 손해를 보게 된다.

따라서 저축 상품을 선택할 때는 자금지출 계획과 저축 기간을 일치시킨다는 원칙에 따라 장기 저축 자금과 단기 운용 자금을 구분하여 가입하는 것이 바람직하다. 자금이 필요한 기간이 불확실하다면 하나의 상품으로 큰 금액을 저축하는 것보다 여러 상품에 분산하여, 유사시 필요한 만큼의 저축 분량만을 해지하는 것도 한 방법이다. 만약 지출 계획을 세우는 데 확신이 서지 않는다면 일단 환금성이 높은 단기 상품에 가입한 뒤, 시간 여유를 갖고 자금 사정이나 금리 동향 등을 점검하면서 저축 기간을 설정하는 것도 한 방법이다. 환금성이 높은 대표적인 단기 상품으로는 은행의 요구불예금과 주식투자를 위한 단기 대기성 자금 성격의 자산운용회사의 MMF, 증권회사의 CMA 등을 들 수 있다.

기간별 주요 금융저축 상품

구분	은행	자산운용회사	증권회사
초단기(1개월 이내)	저축예금, MMDA	MMF	RP (종금사 CP, CMA)
단기 또는 중기	정기예금, 표지어음, RP, CD, 맞춤형 특정 신탁	MMF, 중단기 수익증권	RP 중단기 수익증권
장기 (1년 이상)	정기예금·적금, 금전신탁, 연금신탁, 주택 관련 저축	장기수익증권, 연금 투자신탁, 뮤추얼펀드 등	증권저축, 회사채, 국공채, 장기수익증권 등

+ CD: certificate of deposit(양도성예금증서)
+ CP: commercial paper(기업어음)

주) 경제 상황과 정부 정책 등에 의해 변경될 수 있음

고정금리와 변동금리의 선택

중장기 금융저축 상품을 선택할 때는 고정금리를 선택할지, 변동금리를 선택할지도 결정하여야 한다. 만일 고정 금리로 예금했을 경우 시장금리가 오르면 다른 예금에 비해 상대적으로 이자를 덜 받게 되는 셈이다. 그렇다고 예금상품을 중도에 해지하고 금리가 높은 다른 예금상품에 가입하기는 쉽지 않다. 중도 해지에 따른 벌칙, 추가적인 거래 수수료 등 때문이다. 또한 예금금리가 시장금리에 맞추어 변화하는 변동금리도 또 다른 금리 위험에 직면하게 된다. 만일 시장금리가 내린다면 본인이 받을 금리 역시 내리기 때문에, 사전에 고정 이자를 받기로 한 경우에 비해 이자를 덜 받게 되므로 이 역시 금리 위험에 처하게 된다.

따라서 저축할 때 앞으로 금리가 내릴 것 같으면 고정금리를 선택하고, 금리가 오를 것 같으면 변동금리를 선택하는 것이 현명하다. 하지만 혼자서 섣부른 금리 전망은 삼가고 항상 전문가의 조언을 받으면서 판단해야 한다. 만일 예측한 대로 금리가 변화하면 다행이지만 언제나 그렇듯이 미래를 정확히 예측한다는 것은 거의 불가능하기 때문이다. 금리가 예측과 같이 움직이지 않는다면 결과적으로 손해를 볼 수 있다. 다만 이러한 위험은 투자 상품투자의 가격 변동 위험에 비해 상대적으로 매우 작아서 우리는 예금을 보통 안전한 상품으로 분류한다.

예금 보호 여부 확인

금융상품을 선택할 때 반드시 그 상품이 예금 보호가 되는지를 확인해야 한다. 1998년 외환위기 이후 많은 금융기관이 경영악화로 파산한 사실을 잘 알고 있다. 예금보험제도란 금융기관이 경영악화나 파산 등으로 고객의 예금을 지급할 수 없는 경우 해당 금융기관을 대신하여 예금자에게 일정 한도의 예금 지급을 보장하는 제도이다. 일반적으로 저축성예금은 대부분 예금 보호되지만, 실적에 근거해 배당하는 상품 즉, 실적배당 신탁상품, 수익증권 등의 유가증권은 보호되지 않는다.

우리나라에서는 예금보험공사가 금융기관으로부터 보험료를 받아 기금을 적립한 후, 금융기관이 예금을 지급할 수 없게 되면 금융기관 대신 예금을 지급한다. 현재 예금 보호 사고가 발생하면 원금과 소정의 이자를 합하여 최고 일억 원까지 보호받는다. 2025년부터 기존 5천만 원에서 1억 원으로 상향되었다. 보호받지 못한 나머지 예금은 파산한 금융기관이 먼저 갚아야 하는 선순위채권을 변제하고 남는 재산이 있을 때 이를 다른 채권자와 함께 채권액에 비례하여 분배한다.

예금보험 적용 대상 금융기관으로는 은행, 증권회사, 보험회사, 상호저축은행, 신용협동조합 등 금융기관 대부분이다. 그러나 농·수협의 단위조합과 새마을금고는 적용 대상 금융기관이 아니며, 각 중앙회 또는 연합회 등에서 자체적으로 적립한 기금을 통해 예금을 보호한다. 그리고 예금 보호 금융기관이라 해도 모든 금융저축 상품이 예금 보호를 받지는 않는다. 따라서 금융상품마다 예금 보호가 되는지 확인해야 한다.

세금혜택 여부 확인
다른 조건이 같다면 수익률이 높은 금융상품을 선택하는 것은 당연하다. 그러나 저금리 시대에 상호저축은행이나 신용협동조합 등 비은행 권 금융기관에 예금하더라도 금리는 특별히 큰 차이가 나지 않는다. 이 럴 때 그 금융상품이 세금혜택이 있는지를 따져 볼 필요가 있다. 현재 일반 금융상품은 이자소득에 대해 15.4%(이자소득세 14% + 농특세 1.4%)의 세금을 내고 있다. 일반적으로 세금혜택 금융상품에는 3가지 가 있다. 세금을 전혀 내지 않는 비과세 상품, 농특세(농어촌 특별세)만 부과하는 저율 과세 상품 등 세금 우대상품 등이 그것이다.

먼저 비과세 상품은 이자 및 배당소득에 대해 비과세하는 금융상품이 다. 대표적 비과세 상품으로는 비과세 종합저축이 있다. 이 상품은 세금 감면 혜택이 너무나 크기 때문에 가입자격 등을 엄격히 제한하고 있다. 현재 65세 이상 거주자, 장애인, 독립유공자 유족, 상이자, 기초생활수 급권자 등을 대상으로 한다. 1인당 5,000만 원 이내에서 거치식, 적립식 상품으로 가입할 수 있다. 중복해서 가입하거나 일정 기간이 지나기 전 에 중도 해지하는 등 비과세 요건을 충족하지 못하면 면제받은 세금을 추징당하는 등의 불이익을 받을 수 있다. 비과세 저축 상품은 금융종합 과세에서도 제외된다. 또 연말에 소득을 공제해 주는 금융상품이 있으 므로 비과세이면서 세액이 공제되는 금융상품이 가장 으뜸이다.

그리고 금융상품에 투자해 얻은 이자소득에 대한 세금을 일반상품보 다 낮게 적용하는 세금 우대상품이 있다. 흔히 저율 과세라고도 하는데 저축을 장려하기 위한 목적으로 마련된 제도이다. 이자소득에 대해 부 과하는 일반예금 세율인 15.4%가 면제되고, 대신 농특세 1.4%만 부과

되는 저축 상품이다. 총액기준 3,000만 원 이내에서 농·수협, 신협, 산림조합의 예금과 중복가입이 가능하다. 한편 20세 이상인 개인 거주자가 이자소득에 대해 혜택을 부여하는 세금우대종합저축이 있다. 여기에는 개인형 연금보험, IRP(investment retirement pension), 엔젤클럽 투자, 세금 우대형 저축보험, 자산관리계좌(CMA) 등이 있다. 각 상품에는 조금씩 다른 세금혜택과 제한 사항이 존재하나 일반적으로 계약 기간은 1년 이상이어야 하며, 가입 한도는 원금 기준 1,000만 원이고, 9.5%의 낮은 세율이 부과된다.

세금혜택 금융저축 상품

	장기주택마련저축	장기주택마련저축
비과세 (0%)	개인연금저축	개인연금신탁, 개인연금보험, 개인연금 투자신탁
	근로자우대 저축	근로자우대 저축, 근로자우대 신탁, 근로자우대 보험, 근로자우대 증권저축 등
	장기저축성 보험	슈퍼재테크 보험, 밀레니엄 저축성보험 등 만기 7년 이상 보험
	생계형 저축	(60세 이상 노인, 장애인, 기초수급자 등을 대상) 저축예금, 정기 예·적금, 신탁, 보험, 공제, 증권저축, 채권저축 등
저율 과세 (1.5%)		농협, 수협, 신협, 새마을금고에서 일반 조합원과 회원을 대상으로 취급하는 조합 예탁금
세금 우대 (9.5%)	세금 우대 종합저축	정기 예·적금, 노후 생활 연금신탁, 은행 금전신탁, 수익증권, 하이일드펀드, 후순위담보채(CBO)펀드, 채권저축, 보험저축 등
	연금저축	연금신탁, 연금보험(공제), 연금 투자신탁

주) 세금 관련 상품과 세율 등은 정부 정책에 의해 빈번하게 변경됨

금융소득종합과세 등

금융소득이 매우 클 때는 일정 이상의 소득에 대해 금융소득 종합과세가 적용된다. 일반적으로 예금이 만기가 되어 이자를 지급할 때 의무적으로 세금(15.4%)을 원천 징수하는데 원천 징수함과 동시에 납세의무가 종결되는 경우를 분리과세라고 한다. 반면 금융소득 종합과세는 원천 징수한 이후에도 기준 금액(2,000만 원)을 초과하는 금액을 종합소득에 합산해 누진세율을 적용하는 종합소득세율을 적용해 추가로 세금을 물리는 것이다. 물론 비과세 금융상품에서 발생하는 금융소득은 종합과세 대상에서 제외된다. 구체적으로 본인과 배우자의 연간 금융소득(이자 및 배당소득)을 합해 2,000만 원이 넘는 소득은 근로소득, 부동산임대소득, 사업소득, 일시재산소득, 기타 소득 등의 다른 소득과 합산하여 누진세율을 적용한다. 물론 이때 이미 원천 징수한 세금은 공제한다. 예를 들어, 금융소득이 5,000만 원이라면 3,000만 원만 종합과세 대상이다.

|유사 저축 상품

저축은 은행 등 예금취급기관의 순수 예금상품만을 통해서 하는 것만은 아니다. 정보기술(IT)의 발달과 규제 완화 등으로 금융혁신이 거듭되면서 여러 유사 저축 상품이 속속 등장하고 있다. 보험회사의 저축성보험도 일종의 대표적인 유사저축상품이다. 온라인 플랫폼을 통해 제공되는 P2P 금융상품도 유사저축상품이라 할 수 있다. 은행 등에서도 여러 가지 편리한 기능을 가미한 저축 상품이 많이 있을 뿐만 아니라, 증권회사 등에서도 다양한 자본시장 상품을 결합한 복합금융상품이 적지 않다.

MMF와 MMDA

MMF와 MMDA는 각각 증권사와 은행이 취급하는 대표적인 단기금융상품이다. 먼저 수시입출금식 MMF(money market fund, 단기금융펀드)는 자산운용사가 고객의 돈을 모아 펀드를 구성한 뒤 이를 단기채권과 CP(기업어음) 등 주식을 제외한 유가증권에 투자해 그 결과를 고객들에게 돌려주는 실적배당 금융상품이다. 간단히 말해 일종의 초단기 채권형펀드로서, 수시로 돈을 맡길 수 있고 별도의 중도 해지 수수료 없이 돈을 찾을 수 있어 단기 여유자금을 예치하는 데 안성맞춤이다. 금리도 은행의 보통예금보다 높고 안정적이다. 증권사에서 판매하기 때문에 주식투자자들이 주식투자를 위한 대기성 자금으로 많이 이용된다. 따라서 주식시장이 호황일 때 시중의 단기부동자금이 MMF로 대거 몰리는 경향이 있다.

MMDA(money market deposit account, 시장금리부 수시 입출식 예금)는 MMF에 대응하기 위해 미국 은행이 1982년 도입한 고금리 저축성 예금이다. 시장금리를 지급하지만, 인출 및 이체도 가능하므로 요구불예금의 수시 입출 및 결제 기능과 저축성 예금의 고금리가 결합한 상품이라 생각할 수 있다. 본질적으로 투자수익을 되돌려 주는 MMF 와 달리 MMDA는 투자수익과 관계없이 은행이 결정한 계약 금리를 지급하는 예금이라는 점에서 차이가 있다.

MMDA는 은행상품이지만 만기 이전에 찾더라도 중도 해지 수수료 부담을 덜게 된다는 이점도 있다. MMDA의 금리는 금액별로 차등 되어 있다. 금액이 많을수록 고금리를 받는다. 보통 5백만 원 이상의 목돈을 1개월 이내의 초단기로 운용할 때 유리하다. 각종 공과금 신용카드 대금을 자동 이체하는 결제 통장으로도 유익하다. 가입 기간과 한도에 제한이 없고 거래실적이 좋으면 마이너스 대출도 받을 수 있다.

CMA

주식시장 호황 속에 증권사의 CMA가 크게 주목받고 있다. CMA(cash management account, 자산관리계좌)는 고객이 예치한 자금을 RP, 양도성예금증서(CD), 국공채 등의 채권에 투자하여 그 수익을 고객에게 돌려주는 금융상품이다. 우리나라에서는 원래 종합금융회사의 대표적인 단기금융상품이었으나 2005년 6월부터 증권회사에서도 취급하고 있다.

예금자 보호 대상이 아님에도 불구하고 CMA가 뜨는 이유는 수시로 입출금이 가능하면서도 하루만 맡겨도 비교적 높은 이자를 받을 수 있다. 또 공과금과 계좌이체 등 결제계좌로도 사용이 가능할 뿐만 아니라 CMA 카드를 통해 은행 현금카드처럼 자동인출기에서 출금할 수 있는 편리함도 있다. 그뿐만 아니라 주식청약 자격과 포인트 적립, 수익증권 매입 기능, 주식·채권 매입 기능도 있으며, CMA에 있는 자금으로 펀드 매매도 가능하다. 이러한 장점 때문에 많은 직장인이 재테크 차원에서 월급통장을 이자가 거의 없는 은행저축 예금에서 증권회사의 CMA로 바꾸고 있다.

IRP

IRP(investment retirement pension)는 개인이 월 단위로 일정 금액을 납부하여 자신의 연금 자금을 형성하고, 이를 장기적으로 투자하여 향후 수익을 창출할 수 있는 금융상품이다. 이를 통해 형성된 연금 자금은 은퇴 시점에 일시금 또는 연금 형태로 받을 수 있으며, 투자수익에 대한 세금혜택을 받을 수 있다.

ISA

ISA(Individual Savings Account)는 개인이 다양한 금융상품에 투자하면서 발생하는 이자·배당소득 및 매매차익에 대해 일정 한도 내에서 비과세 혜택을 제공하는 계좌이다. 한국에서는 2016년에 도입되었으며, 비슷한 이름의 종합자산관리계좌(CMA)와는 다르게 개인종합자산관리계좌라고 불린다. 기본적으로 예·적금, 펀드, 채권 등의 금융상품을 한 계좌에서 운용할 수 있는 통합 투자 계좌이며, 일정 기간 유지하면 비과세 및 분리과세 혜택을 받을 수 있다. 가입 대상은 만 19세 이상의 거주자이며, 근로소득이 있는 청년(만 15~18세)도 가입이 가능하다.

10장
건전 투자

· 주식
· 펀드
· 채권
· 부동산 투자

투자(investment)는 불확실한 미래의 수익 창출을 위해 현재의 확실한 가치를 희생하는 행위로서, 은행이 제공하는 이자보다 더 높은 수익을 만들 수 있는 반면에 투자 원금의 손실을 겪게 되는 위험성이 존재한다. 대표적인 투자로는 주식투자, 펀드 투자, 채권투자, 부동산투자 등이다.

하지만 많은 사람들이 투자를 투기와 혼동하고 있다. 투자는 정상적인 방법으로 정상적인 가격 변동에서 발생하는 차익을 목적으로 하는 금융거래 행위를 말한다. 반면 투기는 정상적인 매매차익을 목적으로 하지 않고, 의도적으로 가격을 조작하거나 허위 가격이 형성되도록 유도하여 비정상적인 시세 차익을 유도하는 거래이다. 비정상적이며 비윤리적인 방법으로 부를 늘리는 것을 의미하며, 보통 부동산시장과 주식시장 등에서 한순간에 뻥튀기하듯 값어치를 높이려 할 때 발생한다. 자신의 미래를 위해서는 투기가 아닌 건전 투자가 절실하다.

|주식 직접투자

　그동안 국내 개인들의 주식투자는 주식투자의 위험성과 투자의 어려운 속성 등으로 일부 사람들을 제외하고는 매우 소극적이었다. 그러나 최근 들어 주식투자에 대한 인식이 바뀌면서 해마다 주식투자 인구가 늘어가고 있다. 따라서 건전한 투자 차원에서 자신의 자산을 증식하고 이를 건강하게 유지하기 위해 주식투자에 대한 학습은 날로 중요해지고 있다. 여기서는 전문적인 투자기법보다는 향후 건전한 투자를 위한 기초 지식 중심으로 살펴보기로 한다.

주식투자의 어려움

　그 누구도 주가의 움직임을 정확하게 예측하기는 매우 어렵다. 주식시장의 수요·공급에 의해 결정되는 주가에 영향을 미치는 변수들은 너무나 다양하고 많기 때문이다. 구체적으로 주가는 시장 전체 변동 요인, 즉 국내외 경기, 금리 등 경제적 요인, 국내외 정세 등 경제외적 요인, 그리고 투자자 동향, 신용거래 규모, 제도의 변화 등 주식시장 내부요인 등에 의해 크게 좌우된다. 그뿐만 아니라 고위험-고수익(high risk-high return) 특성의 주식에 투자하려면 냉정할 정도의 침착성과 강인한 자제력, 그리고 과감성과 끈기가 있어야 한다. 더 많은 수익을 내려는 욕심을 버리고 쉬어야 할 때 쉬어가는 여유도 필요하다.

시장 전체 변동 요인	경제적 요인	경기, 물가, 금리, 재정수지, 경상수지, 환율, 통화량, 해외의 경제 및 금융시장 등
	경제외적 요인	국내외 정세(테러 및 지정학적 리스크 등)
	증시내부 요인	투자자 동향, 신용거래 및 차익거래 규모, 규제 변화
기업의 개별 요인		증자, 감자, 인수합병(M&A), 배당정책, 임원 인사, 신제품 개발, 생산·수익 동향, 주주구성 변화 등

주식투자 수익은 배당수익과 매매차익으로 구분된다. 이중 배당수익에 대해선 이자소득세와 마찬가지로 15.4%의 배당소득세가 붙는다. 단 1년 이상 장기 보유하면 비과세나 저율 과세 등으로 세금을 절약할 수 있다. 그동안 우리나라는 선진국과 달리 현재까지는 매매차익에 대해서만큼은 비과세하고 있다. 하지만 정부는 2025년부터 금융투자세를 계획하고 있었지만, 주식시장의 침체로 시행되지 못하였다. 이는 주식이나 채권, 펀드, 그리고 파생상품과 같은 금융투자를 통해 얻은 소득이 일정 금액을 초과할 때 부과하는 세금으로서 투자자들이 금융시장에서 얻은 이익에 대해 공평하게 공헌하도록 하는 제도이다.

PER과 PBR

주식투자의 대원칙은 싸게 사서 비싸게 파는 것(BLASH: buy low and sell high)이다. 주식을 싸게 거래될 때 매입하였다가, 높은 가격이 형성되면 팔아야 한다. 이때 관건은 남들보다 주식 가치를 더 정확히 평가하는 것이다.

주식 가치의 평가를 위한 지표에는 여러 가지가 있지만 가장 대표적인 것이 주가수익비율과 주가순자산비율 등이다. 먼저 주가수익비율(PER: price-to-earning ratio)이란 현재 주가를 주당순이익 예상치로 나눈 것으로 주식의 현금 창출 능력과 현재 가격을 비교하는 잣대 역할을 한다. 예를 들어, 주가가 1만 원이고 주당순이익이 1천 원이라면 PER는 10배가 된다. 이는 간단히 따지자면 현재 이 주식 한 주로 매년 1천 원의 이익을 거둘 수 있어 10년 동안의 이익으로 투자 원금 1만 원을 회수할 수 있다는 의미이다. 보통 채권금리와 비교되는 PER은 성격상 국가 간, 또는 업종과 종목별로 적정 주가의 평가에 자주 이용된다. 예를 들어, 현재 우리나라의 PER은 미국이나 일본에 비해 크게 낮아 코리아 디스카운트의 증거로 제출되기도 한다. 또한 증시가 달아올라 역사적으로 PER이 최고 수준에 이르면 조만간 주가가 하락할 것이라든지, 특정 기업의 PER은 동 업종 내 다른 기업과 특별한 이유 없이 현저히 낮아지면 투자 대상으로 유망하다든지 하는 주장의 근거가 된다.

주가순자산비율(PBR: price on book-value ratio)은 기업 실적을 토대로 산출되는 PER과 달리 기업이 가진 자산가치를 통해 계산되는 지표다. PBR은 주가를 1주당 순자산으로 나눈 수치로서 부동산, 현금 등 기업이 가진 모든 보유 자산이 평가 대상으로 사용된다. PBR 역시 낮은 수치를 형성할수록 주가가 싼 것으로 받아들여진다.

그러나 PER과 PBR 등은 오랜 시간에 걸쳐 주가와 기업 수익을 결정하는 모든 요소가 반영된 것이기 때문에 정확하게 어떤 산업이나 기업의 적정 배수를 규명하기는 매우 어렵다. 다만 특정 주식을 사는 이유가 궁극적으로 그 기업의 수익에 대한 기대라는 점에서 단순히 일시적인 수급에 의하여 주가 변화를 예측하는 것에 비하면 근본적인 접근법이라 할 수 있다. 하지만 개인투자자들이 주식에 투자할 때 가장 흔하게 범하는 오류가 저 PER, 저 PBR이 곧 주식의 저평가를 의미한다고 착각하여 이들 주식이 항상 투자가치가 높다고 평가하는 경향이 있다. 저평가란 기업이 가진 본연의 가치와 성장성에 비해 시장이 내리는 평가가 낮은 것이지, 가격이 싼 주식을 뜻하는 게 아니다. 실제로 장기간 저 PER, 저 PBR 상태를 유지하고 있음에도, 사업의 낮은 성장 전망 등으로 인해 항상 주가가 제자리걸음을 하는 종목들이 많다.

주식투자의 기본원칙

일반투자자들은 주가에 영향을 미치는 다양한 변수들을 일일이 쫓아가기가 매우 어려워 주로 단편적인 정보나 사실만으로 판단하는 경향이 높다. 그 결과 전문가 집단과의 경쟁 게임에서 절대적인 열위에 놓일 수밖에 없다. 따라서 개인이 직접 주식에 투자할 때 다음과 같이 반드시 지켜야 할 기본원칙에 따라 투자할 필요가 있다.

첫째, 가치투자를 하여야 한다. 가치투자란 성장산업, 견실한 기업 등 투자가치가 있는 곳에 투자하는 것을 말한다. 일반적으로 주가는 단기적으로는 여러 경제적·비경제적 요인에 의해 급변동하지만, 중장기적으로는 성장산업, 견실한 기업 등이 결국 상승하기 마련이다. 따라서 시간상으로 충분한 여유가 있는 자금으로 우량주, 성장주 등에 장기 투자하는 것이 바람직하다. 이를 위해서는 경제 및 산업에 대한 지식뿐만 아니라 금융 지식의 습득이 매우 중요하다. 경제신문을 꼼꼼히 읽고, 경제 뉴스를 귀담아들으면서 경제변동 상황을 분석하고 판단해야 할 것이다. 그뿐만 아니라 관심 있는 산업이나 기업에 대한 기본 자료를 철저히 수집하고 이들의 변화 상황을 수시로 점검하여야 한다.

둘째, 분산투자를 하여야 한다. 대부분 투자자는 포트폴리오의 구성이 매우 중요하다는 것을 알면서도 막상 주식에 손을 대면 단기간에 높은 수익을 올리기 위해 한 종목에 집중하여 투자하는 경향이 높다. 이는 실로 매우 위험천만한 행동이다. 주가는 마치 생물체와도 같아서, 자기 뜻대로 움직여 주는 법이 없기 때문이다. 즉, 주식은 예측 불가능한 상황에 크게 좌우되기 때문에 절대 자신이 생각하는 대로 움직이지 않는다. '달걀을 한 바구니에 담지 말라'라는 교훈을 상기하여 합리적인 포트폴리오를 구성하고 투자위험을 축소해야 한다.

셋째, 감정에 의한 투자를 피해야 한다. 많은 사람이 자신이 보유하고 있는 주식이 매입가격보다 낮으면 주가가 곧 오를 것이라는 막연한 자신만의 기대심리로 같은 주식을 추가로 사서 매입 단가를 낮추곤 한다. 소위 '물타기'가 그것이다. 그러나 많은 투자자의 경험을 분석해 보면, 이는 성공보다 실패 확률이 훨씬 높을 뿐만 아니라 주가가 예상과 달리 움직이면 그 손실 규모는 감당하지 못할 정도로 커지게 된다. 따라서 자신의 기대와는 달리 보유 종목의 주가가 하락하고 있다면 손해를 보았더라도 과감히 팔아버리는 이성적 판단과 결단력이 필요하다.

넷째, 데이트레이딩(day-trading)과 같은 초단기 매매를 삼가야 한다. 데이트레이딩이란 하루에도 여러 번 주식을 사고팔아 초단기 시세 차익을 노리는 투자기법이다. 국내에서는 당일 매매가 허용된 지난 1998년 4월부터 선보였으며, 사이버 트레이딩이 보편화되면서 개인투자자들도 활발히 가세하고 있다. 데이트레이딩은 주가가 급변동하는 상황에서 다른 거래 방법에 비해 수익을 올릴 기회가 상대적으로 많아 개인투자자들이 빠져들기 쉽다. 그러나 무엇보다도 자신의 본업이 있는 일반 투자자들은 절대 자제해야 한다. 고도의 집중력과 냉정한 판단이 요구되는 것이 주식투자이기 때문에, 일반투자자가 시시각각으로 변하는 주가의 흐름에 하루 종일 신경을 곤두세우기는 불가능하다. 그리고 빈번한 거래로 인한 수수료 부담을 무시할 수 없을 뿐만 아니라 대부분 장기투자보다 높은 수익을 내기 어렵다.

스톡옵션과 우리사주조합

주식회사에 다니면 그 회사의 주식을 이용하여 자신의 자산을 축적할 기회가 있다. 스톡옵션과 우리사주조합이 바로 그것이다. 먼저 스톡옵션(stock option)은 신규 채용 임직원에게 일정 기간이 지난 후에도 채용 당시의 약정가격(행사가격: exercise price)으로 주식을 살 수 있는 권한을 인정해 영업이익 확대나 상장 등으로 주가가 오르면 그 차익을 볼 수 있게 하는 보상 제도이다. 채용 당시 많은 임금을 보장할 수는 없지만 사업성이 높은 벤처기업의 경우 인재를 모으기 위해 많이 쓰는 방법이다. 기업 실적이 호전돼 주가가 오르면 임직원들은 회사가 스톡옵션을 제공할 때 결정된 행사가격으로 주식을 취득한 뒤 시가(時價)에 매도할 수 있다. 이때 회사는 스톡옵션 소유자에게 실제 보유 자사주 또는 유상증자하여 주식을 줄 수 있으나, 행사가격과 시가와의 차액을 현금 보상으로 줄 수도 있다.

우리사주조합(employee stock ownership association)은 특정 기업의 종업원들로 구성된 자사주 투자조합, 다시 말해 특정 기업의 종업원들이 자신이 고용된 회사의 주식을 사들이기 위해 조직한 조합이다. 종업원이 회사의 주식을 소유하는, 이른바 종업원지주제도를 확립하기 위해 도입된 제도이다. 현행 자본시장육성법은 기업이 공개나 유상증자할 때 공급 주식의 20% 이내에서 우리사주조합에 우선해서 주식을 배당하도록 규정하고 있다. 우리사주조합은 공개법인이든 비공개법인이든 관계없이 결성할 수 있으며 별도 기구로 결성할 수도 있고 사우회, 공제회, 노동조합 등 기존 기구의 활용도 가능하다. 우리사주조합에서는 보통 종업원의 급여 중 일정 부분을 공제해 기금으로 적립했다가 회사가 증자할 때 자기 회사의 주식을 인수한다.

주가지수선물 및 주가지수옵션

전 세계적으로 주가, 금리, 환율 등 주요 금융상품의 가격이 급변하면서 파생금융상품의 중요성이 날로 증가하고 있다. 파생금융상품이란 채권, 외환, 주식 등 여러 가지 기초금융자산의 미래 가격을 현재 시점에서 결정하는 금융계약이다. 1972년 미국 시카고상업거래소(Chicago Mercantile Exchange)에서 통화선물 거래로 처음 시작된 후 1980년대 들어 급속히 성장하고 있다. 거래 형태별로 장내에서 거래되는 선물(先物, futures)과 옵션(options), 장외에서 거래되는 선도(先渡, forwards)와 스왑(swaps) 등으로 분류한다.

파생금융상품에는 미래 가격을 예측하기 어려운 상황에서 미래의 특정 시점의 거래에 적용될 가격을 미리 고정함으로써 현물가격의 변화에 따른 위험을 줄이는 보험 효과가 있다. 또한 파생금융상품은 그 자체가 위험선호자에게는 선물가격과 미래 현물가격의 시세 차익을 대상으로 하는 새로운 투자수단이 된다. 그러나 투자 기능은 거래가 증가함에 따라 자연히 시세 차익을 노린 투기적 거래가 되며, 애초의 위험회피 목적보다 투기적 목적으로 거래되는 경향이 크다.

주가지수 선물(先物, futures)과 옵션(options)은 미래의 특정 시점에 거래될 주가를 미리 고정함으로써 주가 변화에 따르는 위험을 줄이기 위해서 개발된 대표적인 파생금융상품이다. 주가지수선물은 미래의 정해진 시점에 적용될 주가지수를 현재 시점에서 결정된 것으로 보고 인도·인수를 약정한 금융계약이다. 주가지수옵션은 일정한 가격으로 지정된 주가지수를 사거나(call) 팔(put) 수 있는 권리가 부여된 계약이다.

우리나라의 주가지수 선물과 옵션은 짧은 역사에도 불구하고 거래량 면에서 세계 최고의 위치를 차지하고 있다. 그만큼 많은 사람이 투기를 목적으로 파생금융상품을 거래하고 있다. 시세 차익을 겨냥한 투기 목적의 거래가 지속된다면 전적으로 미래 주가의 예측에 의존하는 제로섬(zero-sum) 게임이 된다. 예측이 맞을 때는 상당한 이익을 얻을 수 있지만 그렇지 않을 때는 엄청난 손실이 따른다. 또한 일반 개인은 전문가 집단으로 구성된 금융기관과 게임을 해야 하는데, 반복적으로 거래하게 되면 대부분 손해를 입을 수밖에 없다. 건전한 주식투자를 위하여 가급적 주가지수선물과 주가지수옵션 등의 파생금융상품 투자를 자제할 필요가 있다.

|펀드 투자

　일반적으로 주식투자는 직접투자와 간접투자로 구분된다. 직접투자는 직접 증권회사에 가서 계좌를 개설하고 유통시장에서 거래되는 개별주식을 구매하는 방법을 말한다. 반면 간접투자는 투자신탁 운용회사나 자산운용회사에서 설정한 펀드에 가입하여 간접적으로 주식에 투자하는 방법이다. 간접투자의 경우, 자산운용회사의 투자 분석가(analysts)와 전략가, 펀드매니저 등 전문가 집단에 의해 투자되고, 리스크관리 시스템이 구축되어 있다. 따라서 직접투자 때보다 신경 쓸 일이 적으며, 대규모 자금으로 수십 종목의 주식과 채권에 분산 투자하므로 투자위험을 줄일 수 있다.

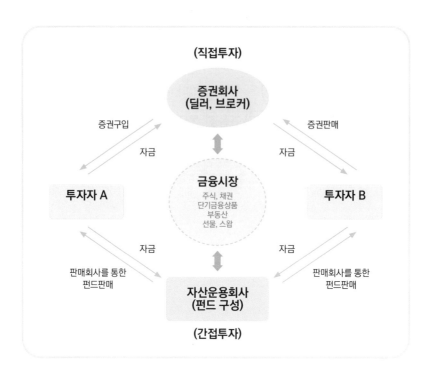

(직접투자)

증권회사
(딜러, 브로커)

증권구입　　　　　　　　　　　　　증권판매

자금　　　　　　　　　　　자금

투자자 A　　　　　　금융시장　　　　　　투자자 B
　　　　　　　　　　　주식, 채권
　　　　　　　　　　　단기금융상품
　　　　　　　　　　　부동산
　　　　　　　　　　　선물, 스왑

자금　　　　　　　　　　　자금

판매회사를 통한　　　　　　　　　　　　판매회사를 통한
펀드판매　　　　　　　　　　　　　　　　펀드판매

자산운용회사
(펀드 구성)

(간접투자)

펀드의 구조

앞서 설명하였듯이 직접 주식투자를 할 경우 일반 투자자들이 쫓아가기 어려운 여러 변수로 인하여 주가를 예측하기가 쉽지 않다. 특히 일반인들이 자기 본업의 일을 하면서 투자하기는 정말 어렵다. 따라서 본업이 있는 일반 투자자들은 되도록 직접투자보다는 펀드를 통한 간접투자가 바람직하다.

펀드(fund)란 여러 투자자가 자금을 모아 만든 대규모의 기금으로 전문가 집단이 투자 지식과 시간이 부족한 일반인을 대신해 투자해 주는 대표적인 간접투자 상품이다. 보통 투자신탁 운용회사나 자산운용회사들이 기금을 모으고 주식, 채권, 유동자산, 파생금융상품 등 다양한 상품에 투자하고 이를 통해 얻은 손익을 투자자에게 되돌려 준다. 그러나 전문가 집단이 운용한다고 해서 항상 높은 수익을 보장하지는 않는다. 주식시장이 전반적으로 하락할 때는 이들도 어쩔 수 없이 손실을 본다. 다만 그들은 최소화할 수 있는 전략을 가지고 운용하기 때문에 일반 개인투자자가 직접 투자할 때보다는 손실 규모가 작고 덜 위험하다.

펀드는 상품구조가 그리 복잡한 것은 아니지만, 투자 분야가 다양하고 운용 스타일에 따라 그 수익과 위험이 달라진다. 그러나 펀드의 구체적인 내용을 잘 파악하고 자신의 상황에 맞는 펀드에 가입하고 있는 사람은 그리 많지 않다. 위험을 얼마나 감수할 수 있느냐에 따라 선택해야 할 펀드도 달라져야 한다. 단순히 어떤 펀드가 수익률이 높고 인기가 있느냐에 따라 펀드를 선택할 것이 아니다. 자신의 투자성향과 위험 감수 수준을 고려하면서 펀드를 선택해야 한다. 이를 위해서는 펀드 투자수익률은 자산운용회사의 역량에 따라 달라질 수 있어서 투자자들은 펀드 투자전략, 자산운용회사, 펀드매니저 등 관련 정보를 확인하여야 한다.

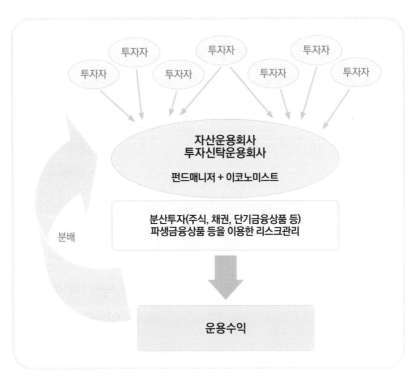

펀드 운용 메커니즘

투자자 투자자 투자자 투자자 투자자 투자자 투자자 투자자

자산운용회사
투자신탁운용회사

펀드매니저 + 이코노미스트

분산투자(주식, 채권, 단기금융상품 등)
파생금융상품 등을 이용한 리스크관리

분배

운용수익

커미션과 피

펀드에 투자할 때 드는 수수료가 있다. 보통 수수료 개념으로 커미션(commission)과 피(fee)를 거의 구분 없이 사용하고 있지만, 점점 자산관리 기능이 중요해지는 상황에서 이제 두 개념에 대한 구분은 필요하다. 일반적으로 커미션은 거래가 발생할 때마다 지급하는 수수료를 말한다. 우리가 거래할 때 중개인(broker)에게 지급하는 중개수수료가 이에 해당한다. 반면 거래 횟수와 관계없이 금융기관에 맡겨놓는 고객의 위탁 잔액에 비례하여 지급되는 것이 피의 개념이다. 만일 금융기관이 위탁된 금액을 투자 전략상 저금리 예금으로 보관하고 있어도 위탁 잔액의 규모에 비례하여 일정한 피를 지급해야 한다.

주식투자 비율에 따른 펀드 구분

일반적으로 펀드는 주식투자 비율에 따라 크게 MMF, 채권형펀드, 주식형펀드, 혼합형펀드로 구분된다. 앞서 설명했듯이, 이중 단기금융 상품에 주로 투자하는 MMF는 펀드의 기능보다 투자를 위한 대기성 자금으로의 역할이 크다. 일반적으로 전통적 펀드의 유형으로는 주식에 투자하는 주식형 펀드, 장기채권에 투자하는 채권형펀드, 이를 혼합한 혼합형펀드 등으로 구분된다.

첫째, 주식형펀드는 주식에 신탁자산의 60% 이상을 투자한 후 그 운용수익을 투자자에게 배분하는 실적배당형 상품이다. MMF나 채권형 펀드와 달리 주식편입비율이 높아서 원금 손실위험이 상대적으로 크지만, 주식시장이 호황일 경우 상당히 높은 수익률을 올릴 수 있다. 주식형 펀드는 손실의 위험이 큰 대신 고수익도 기대할 수 있으므로 위험 선호형 투자자에게 적합한 펀드다. 이에는 성장주펀드, 배당주펀드, 가치주펀드 등 그 성격에 따라 투자 스타일이 달라지기 때문에 자신의 투자 스타일에 맞는 펀드를 선택하는 것이 중요하다.

둘째, 채권형펀드는 주식에는 투자하지 않고, 채권에 60% 이상 투자한 후 그 운용수익을 투자자에게 배분해 주는 실적배당 상품이다. 주식 편입 비율이 전혀 없으므로 손실위험은 작으나, 편입된 채권을 시가(時價)평가로 하므로 펀드에 따라 수익률의 차이가 날 수 있고, 때에 따라서는 원금 손실도 날 수 있다. 특히 판매사가 제시하는 예상 수익률 또는 목표수익률은 확정 수익률이 아니라 운용사의 운용 능력에 따라 더 높아질 수도, 낮아질 수도 있다. 운용사마다, 펀드매니저마다 수익률이 크게 달라질 수 있으므로 때에 따라 정기예금 금리 이하의 수익률을 얻을 수 있다는 점도 명심해야 한다. 채권형펀드는 주식에 투자하지 않으므로 다른 펀드에 비해 위험이 적다고 볼 수 있어서 위험회피 목적인 투자자가 적합하다. 기본적으로 채권 비중이 크고 이자소득 비중이 크므로 금융소득종합과세 대상에게는 불리하다.

셋째, 혼합형펀드는 주식편입 비율에 따라 주식혼합형과 채권혼합형으로 나누어진다. 주식혼합형은 주식 등에 주로 투자하며, 주식편입 비율이 0~60%로 증시 상황에 따라 그 비율을 조절하는 펀드다. 채권혼합형은 채권 등에 주로 투자하고, 주식 등에는 50% 미만만 투자하는 펀드다. 주식시장 상황에 따라 주식, 채권, 파생상품 등을 적절하게 배분해 투자 비율을 조절함으로써 안정적인 이자소득, 배당소득 및 매매차익을 동시에 추구할 수 있다. 혼합형펀드는 주식형 펀드보다는 위험이 적고 채권형펀드보다는 수익이 크기 때문에, 수익과 안정성을 동시에 고려하는 투자자가 시기적으로 주식시장이 활황 또는 침체에 빠질지 모르는 상황에서 가입해 볼 만한 상품이다.

진화하고 있는 펀드

펀드는 주식, 채권, 그리고 단기금융상품 등 금융상품으로 구성된 것이 일반적이다. 그러나 최근에 와서 펀드도 그 투자 대상이 금융자산을 벗어나 실물자산으로 확대되면서 점점 다양해지고 있다. 실물자산에 투자하는 펀드로는 부동산에 투자하는 부동산펀드, 선박에 투자하는 선박펀드, 유전개발에 투자하는 유전개발펀드 등이 대표적이며, 심지어 물, 한우에 투자하는 물펀드, 한우펀드 등까지 등장하고 있다. 그뿐만 아니라 투자 대상의 성격에 따라 명칭이 붙여지는 펀드도 있다. 친환경, 사회공헌활동, 윤리경영 등의 다양한 사회적 성과가 높은, 우수한 기업에 투자하는 사회책임투자펀드(SRI: socially responsible investment), 항만, 철도 등 각종 사회 간접자본시설을 투자 대상으로 하는 인프라펀드(infra fund) 등이 그것이다.

한편 최근에 KOSPI200과 같은 특정 주가지수와 같은 수익률을 얻을 수 있도록 설계된 지수연동형펀드 또는 상장지수펀드(ETF: Exchange Traded Funds)가 인기를 끌고 있다. 해당 주가지수에 편입된 주식의 바스켓(10개 이상의 주식 조합)과 같게 펀드를 구성하기 때문에 ETF 하나로 분산투자의 효과가 있기 때문이다. ETF 중에는 특정 자동차, 반도체, 건강(바이오), 은행, 정보통신(IT) 등 유망 업종에 집중해서 투자하는 섹터 ETF가 있다. 그리고 특정 업종에 집중되는 위험을 피하고자 투자 대상을 전 세계로 넓히는 것이 일반적이다. 예를 들어, 향후 국제적으로 반도체 주가가 오를 전망이라고 할 때, 국내 및 해외의 여러 반도체 회사에 골고루 투자하여, 주가가 올랐을 때 고수익을 얻게 되는 펀드이다.

부동산펀드와 리츠

부동산에 투자하고 싶어도 최소 몇천만 원의 자금이 없어 포기하는 경우가 있을 것이다. 이때는 부동산펀드를 통한 간접투자를 생각해 볼 수 있다. 부동산펀드란 자산운용회사나 부동산투자회사가 부동산 개발 시행사에 대출해 주거나, 관련 부동산 관련 상품에 투자한 뒤 그 수익금을 분배하는 상품이다. 보통 부동산펀드의 투자수익률은 은행예금보다 높고 안정적이어서 수익률에 민감한 사람의 시선을 끌고 있다. 한편 부동산펀드가 회사형으로 이루어졌을 때 이를 리츠(Reitz)라고 부른다.

적립식펀드는 저축이 아니라 투자

펀드가 저축처럼 안전하리라 생각한다면 큰 오산이다. 펀드는 분명 위험성이 있는 투자자산이다. 은행의 정기예금처럼 운용 수단이나 수익률이 간단하지도 않고 원금 보장이 되는 것도 아니다. 그래서 정도의 차이가 있지만 조금의 위험도 원하지 않는 사람에게는 오해를 사기도 하고, 때로는 확정금리와 원금 보장 중심적인 투자 마인드 때문에 큰 곤란에 빠질 수도 있다. 특히 적립식펀드를 '적립식'이란 말 때문에 저축의 개념으로 생각하는 사람들이 유난히 많다. 적립식펀드란 그야말로 저축과 같이 조금씩 자금을 모아 투자를 하기에 그렇게 불리는 것이다. 저축 개념으로 조금씩 자산운용사에 맡기고 자산운용사는 주로 주식에 투자해 수익을 높여 주는 것이다.

2005년 말부터 2008년 금융위기 때까지 펀드가 대유행이었던 적이 있다. 그 기간 주식시장이 호조여서 큰 수익이 났지만, 금융위기로 주가가 폭락하면서 큰 폭의 마이너스 수익을 보아야 했다. 당시 펀드를 정확하게 이해하면서 펀드도 주식, 채권처럼 언제든지 손해를 볼 수 있는 금융상품인 것을 아는 사람이 그리 많지 않았다. 솔직히 많은 사람이 펀드에 대한 이해를 제대로 하지 못하는 실정이었고, 어떤 장단점이 있는지, 위험은 어떻게 관리하는지 몰랐다. 판매 금융기관의 홍보 부족 탓도 있겠지만 투자자들 스스로 공부하지 않은 탓도 있었다. 분명 적립식펀드는 저축 수단이 아니라 투자수단이다.

구조화 금융상품(ELD·ELS·ELW·DLS)

　최근 투자 원금을 보장하면서 주가 또는 주가지수(KOSPI 200), 때로는 파생상품 등과 연계하여 움직이도록 포트폴리오를 구성하여 수익을 극대화하는 직접금융시장과 간접금융시장의 성격을 복합한 금융상품이 인기를 끌고 있다. 이러한 주가지수 연계 상품은 다양한 금융기관에서 약간씩 다른 모습으로 판매되고 있다. 이러한 상품들은 소위 구조화 금융상품이라 불린다. 예금, 주식, 채권, 통화, 파생상품 등의 자산을 가공하거나 혼합하여 만들어진 새로운 금융상품이다.

　2000년 이후 전 세계적으로 저성장, 저금리 시대가 도래함에 따라 원금과 이자의 지급이 보장되는 저축 상품만으로는 재산 증식이나 노후 대비가 쉽지 않은 시대가 도래하였다. 그렇다고 수익률 제고를 위해 주식 등에 투자를 확대하는 것은 수익성은 높으나 위험도 크기 때문에, 그 대안으로 중위험·중수익을 추구한다는 명목으로 개발된 것이 구조화 금융상품이다. 일반적으로 비슷한 형태가 많아 용어 자체도 비슷한 경우가 많다. 현재 국내에서 판매하는 구조화 상품으로는 ELD, ELS, ELW, DLS 등이 대표적이다.

　먼저 은행이 판매하는 ELD(equity linked deposits, 주가 연계 예금)는 투자 원금의 95%를 정기예금, 5%를 주가지수 옵션에 투자하며, 예금자보호법이 적용되어 원금 보장이 완벽한 상품이다. 증권회사에서 판매하는 ELS(equity linked securities, 주가 연계 증권)는 개별주식의 가격이나 주가지수와 연계되어 수익률이 결정되는 파생상품이다. 투신사(자산운용사)가 판매하는 ELW(equity linked warrants, 주식 워런트 증권)는 투자 원금의 100%를 국공채에 투자하고, 이자수익으로 옵션이나 주식 워런트에 투자하며, 투신사 자체 신용으로 원금 보장하는 상품이다.

그리고 ELS와 구조가 같은 DLS(derivative linked securities, 파생상품 연계 증권)는 기초자산이 주식가격이나 주가지수가 아닌 기초자산의 가치변동과 연계되어 사전에 정해진 방법에 따라 투자수익이 결정되는 증권이다. 이때 기초자산은 원유, 금, 설탕, 밀가루 같은 각종 원자재와 농산물뿐 아니라 금리, 환율, 탄소배출권, 신용 등 다양하다.

이러한 구조화 상품은 기초자산의 수익성이나 위험의 구조화기법을 이용하여 완화하거나 증폭시킨 것이기 때문에 상품의 구조와 내용이 복잡하여 일반투자자들이 정확하게 이해하기 어려운 상품이다. 그리고 가치에 대한 평가나 정보를 구하기 어렵고, 유동성 부족으로 중도 해지를 하는 경우 높은 수수료를 부담해야 하는 경우가 많다. 구조화 상품의 기초자산 가격이 일정 범위를 벗어나는 경우 큰 손실이 발생할 수도 있다. 따라서 구조화 상품에 투자할 때는 기초자산, 상품구조 및 유동성 등에 대해 충분히 이해한 후 투자할 필요가 있다.

|채권투자

채권은 기본적으로 금융기관의 예금상품보다 금리가 높고, 주식보다는 투자위험이 낮은 데다 유동성도 어느 정도 확보된, 즉 투자 선택 기준의 3요소를 고루 만족시키고 있는 자본시장 금융상품이다. 채권은 안정적인 수익을 원하는 투자자에게 적합한 투자 대상임에도 불구하고 그동안 거액의 자산가나 기관들만이 접할 수 있었던 금융상품으로 여겨져 왔다. 하지만 고령화 사회가 깊어 감에 따라 관심이 커지고 있으며, 개인도 채권투자가 가능해지면서 이제 더 이상 외면할 만한 상품은 아니다. 채권투자는 노후 준비의 총아가 될 수 있다.

소액 채권투자의 유의점

2007년 8월 한국거래소에 소매채권시장이 개설되면서 일반투자자들도 소액으로 편리하게 채권에 투자할 수 있게 됐다. 그동안 비록 몇몇 증권사를 중심으로 소매채권시장이 운영되긴 했지만, 장외시장이었던 탓에 취급 종목도 제한돼 있었고 공정한 정보를 구하기도 어렵다. 또 투자자들이 직접 지점을 방문해야 하는 불편함도 있었다. 무엇보다도 개인으로서는 감당하기 힘든 큰 금액이 있어야 가능하였기 때문에 개인 소액투자자가 투자하기엔 큰 부담이었다. 하지만 이제 소매채권시장을 통해 소규모 거래도 가능하므로 소액투자자들도 쉽고 안전하게 채권투자에 나설 수 있게 됐다. 증권사에서 계좌를 트면 주식처럼 홈트레이딩시스템(HTS)이나 모바일트레이딩시스템(MTS) 등으로 편하게 국채, 통화안정증권, 금융채, 회사채 등 다양한 종류의 채권을 만기와 가격별로 자기의 취향에 맞는 채권을 거래할 수 있다.

자산 가격이 상승함으로써 생기는 수익률을 기대하고 투자하는 주식과 달리, 채권은 확정 수익률을 기대하고 투자하는 경우가 대부분인데, 그렇다고 위험 요소가 전혀 없지는 않다. 먼저 채무불이행 위험이 있다. 이는 기업의 재정 및 경영 상태 악화로 원리금을 상환할 수 없는 지급불능 위험, 즉 신용위험을 말한다. 외환위기 이후 실제로 채권형펀드 투자도 원금을 보장받지 못하였다. 둘째, 중도 상환 위험이 있다. 이는 발행조건에 임의 상환 조건이 있으면 채권발행자가 만기 전에 상환함으로써 투자자가 애초 기대만큼 수익률을 얻을 수 없는 경우에 발생한다. 항상 발행조건을 잘 따져 보고 투자할 필요가 있다. 셋째, 유동성 위험이다. 이는 만기 전에 현금화하고 싶으나 수요의 부족이나 적정 가격을 받을 수 없을 때 발생하는 위험이다. 국채나 우량 회사채를 제외하고는 만기 이전에 거래가 빈번하지 않을 수 있다.

소액 채권 거래를 할 때도 이러한 위험들을 잘 살펴보고 해야 하지만 채권투자의 위험은 주식과 비교해서는 매우 낮고, 위험이 증가하는 만큼 채권수익률이 높아지기 때문에 과감하게 채권투자 위험 수준을 높이는 것도 하나의 방법이다.

금리 변동을 이용한 채권투자

위험 수준을 높이지 않고서도 매매 전략에 의해 수익률을 높일 수도 있다. 채권은 만기까지 보유하고 투자하는 경우가 대부분이지만, 장기채권의 경우에는 대개 만기보다 보유 기간이 짧다. 최근 장기채권이 많이 출시되고 있는데 만기까지 보유하지 않고 중간에 팔 때 금리 변동을 잘 이용하면 투자수익률을 높일 수 있다. 보유 장기채권을 만기 전에 매각하면 그 기간의 쿠폰뿐만 아니라 매각으로 발생하는 자본이득이나 손실까지 수익률에 포함되기 때문이다.

그러면 장기채권을 만기 전에 매각할 때는 어느 시점을 택할 것인가? 다음의 예를 통해 살펴보자. 액면가 10,000원인 쿠폰 채권[연간 쿠폰 (C): 500원, 만기: 10년]을 8,000원에 구매하였다고 하자. 1년간 보유하였다가 팔려고 한다. 만일 1년 후 채권 수요가 늘어 채권가격이 8,200원으로 증가하면 수익률은 다음의 공식에 의해 8.8%가 된다.

$$장기채권투자수익률 \ = \ \frac{500+8,200-8,000}{8,000} \ = \ \frac{700}{8,000} \ = \ 8.8\%$$

그리고 만일 1년 후 채권 수요가 줄어 채권가격이 7,800원으로 감소하면 수익률은 3.8%가 된다.

$$장기채권투자수익률 \ = \ \frac{500+7,800-8,000}{8,000} \ = \ \frac{300}{8,000} \ = \ 3.8\%$$

따라서 구매하였을 때보다 채권가격이 오르면, 달리 말해 채권수익률이 내리면 채권투자자 이익을 얻지만, 채권가격이 내리면, 달리 말해 채권수익률이 오르면 채권투자자는 손해를 보게 된다. 따라서 장기채권

투자는 금융시장에서 이자율이 높을 때(채권가격이 낮을 때) 사서, 이자율이 낮을 때(채권가격이 높을 때) 파는 것이 전략이다.

|부동산투자

대개 주식투자를 선호하는 사람은 부동산투자에 큰 매력을 느끼지 못하거나 투자하더라도 실패하게 되고, 부동산을 좋아하는 사람은 주식투자에 성공하기 어렵다. 대표적 실물자산인 부동산과 금융자산은 서로 다른 특성이 있으므로 투자에서도 다른 특징이 있다.

부동산의 분류와 특성
일반적으로 부동산은 크게 토지와 건물로 구분된다. 토지의 경우 국토이용관리법에 따라 도시지역, 준도시지역, 준농림지역, 농촌지역으로 구분된다(나머지 지역은 모두 자연환경 보전지역임). 이중 도시지역의 경우 도시계획법에 따라 주거지역, 상업지역, 공업지역, 녹지지역으로 구분된다. 녹지지역 중 보전 녹지지역이 소위 그린벨트(green belt)라고 불리는 개발제한구역이다.

건물은 사용 용도에 따라 크게 주거용, 상업용 등으로 구분된다. 주거용은 단독주택, 다세대주택, 연립주택, 그리고 아파트 등으로 분류되며,

이중 아파트와 일부 연립주택 및 다세대주택을 법적으로 공동주택이라 하며 잘라서 매매할 수 있다. 상업용 건물은 현재 위락용, 업무용, 공업용 등으로 분류되고 있다.

사용 용도에 따른 건물의 분류

주거용	단독주택	일반적인 단독주택과 3층 이하이고 연면적 200평 이하 주택 건물
	다세대주택	연면적 200평 이하 주택건물
	연립주택	4층 이하이되 연면적 200평 초과하는 주택건물
	아파트	5층 이상의 주택
상업용	위락용 건물	영화관, 레저, 스포츠 시설 등
	업무용 건물	사무실, 오피스텔 등
	공업용 건물	공장

부동산은 금융자산에 비해 다양한 특성이 있다. 먼저 부동산은 인위적으로 위치이동이 불가능한 고정성과 개개의 부동산이 별도의 가격과 수익률을 형성하는 개별성을 지니고 있다. 또한 건물의 경우에는 내구연수가 적용되지만, 토지는 사용 여부와 시간의 경과에 따라 소모 또는 마모되지 않는다는 영속성과 더 이상의 생산이 불가능한 부증성(不增性)을 지닌다. 그 밖에도 부동산은 법정 한도 내에서 분할이 가능하며, 다양한 용도로 사용할 수 있으며, 사회적·경제적·행정적 상황에 따라 부동산의 가치가 크게 달라질 수도 있는 특성이 있다.

부동산투자의 유의점

부동산의 독특한 특성 때문에 부동산투자는 많은 부분에서 금융자산 투자와는 다르다. 첫째, 무엇보다도 주식과 부동산의 확연한 차이는 사용 가치의 유무에 있다. 주식은 이익 실현과 배당이라는 투자가치를 갖지만, 부동산은 이에 더하여 사용 가치를 지닌다. 즉, 부동산은 투자자가 보유하면서 활용할 수 있다는 고유의 가치가 있다. 둘째, 부동산투자의 장점으로는 임대소득뿐만 아니라 부동산 가격 상승에 따른 자본이득도 가능하고, 투자 자본의 일부를 융자받아 투자할 수가 있다. 셋째, 금융자산과 달리 물가 상승에 따른 자산 상실 가능성이 매우 낮다. 하지만 부동산의 단점은 경기에 매우 민감하며 가격 변동 폭이 매우 크다. 넷째, 경기 외에 인구구조, 교통, 공해, 학군 등 여러 요인의 영향을 받기 때문에 투자의사 결정이 쉽지 않다. 쉽게 현금화하기 어려워(유동성이 낮아) 자산 관리상 급히 매매해야 할 때 어려움이 따른다. 다섯째, 초기 투자 자본이 많아야 하며, 자산관리와 유지도 쉽지 않을뿐더러 부동산시장 안정을 위한 정부의 규제가 높으며, 세금 부담도 크다.

특히 부동산이 주택이라면 자신이 직접 거주하거나 이용하면서 부를 늘려갈 수 있는 안정되고 좋은 투자 상품이다. 개인 본연의 경제사회 활동에 지장 받지 않은 채 합법적으로 고수익을 낼 수 있는 거의 유일한 투자 상품이다. 하지만 경제구조가 성숙단계에 들어선 상황에서 부동산을 소문이나 막연한 기대감에 의한 투자종목으로 선택하지는 말아야 할 것이다.

우리나라는 그동안 높은 수준의 부동산 가격 상승을 경험하면서 부동산이 주요 자산운용 형태로 자리 잡았으며, 이에 따라 부동산 자산운용 및 투자에 높은 관심을 보여 왔다. 외환위기 시기를 제외하고 우리나라에서 부동산은 투자자를 외면한 적이 없었기 때문이다. 그러나 2000년대 들어, 특히 코로나19 팬데믹을 겪으면서 부동산 가격이 급등한 까닭에, 이제 부동산이라면 무조건 안정성과 수익성이 높은 투자수단이라는 생각은 금물이다. 아파트라고 해서 무조건 오르는 것이 아니고, 무조건 건물을 짓는다고 해서 수익이 창출되는 것도 아니다. 반드시 경제적, 사회적 변화를 따져 보고 냉정하게 판단하여 투자해야 할 것이다.

현재 우리나라 중산층 이하가 지닌 가계 자산의 80% 정도가 부동산에 편중돼 있다. 그뿐만 아니라 부동산 가격이 급등하는 과정에서 가계의 빚도 빠르게 증가했다. 많은 사람이 무조건 부동산 가격이 오른다는 전제하에서 자신의 빚을 어떻게 갚을지에 대한 계획이 분명하지 않은 채 금융기관의 대출에 힘입어 오로지 부동산 구매에 열중했다. 그런데 많은 사람이 인정하고 싶지는 않겠지만 코로나19 팬데믹 이후 우리나라에도 부동산 불패가 조금씩 흔들리고 있다. 주택투자의 위험성이 커지면서 주택 수요자의 인식이 변화되고 있다. 일본과 같은 급격한 거품 붕괴 현상은 나타나지 않을 것이라 믿고 싶지만, 최근의 상황을 보면서 토지 신화가 붕괴한 1990년대 일본을 떠올리게 된다.

일본 토지 신화의 붕괴

이제는 많은 사람이 알고 있지만, 일본은 1980년대 후반 6대 도시 평균지가가 3배 이상 상승한 극심한 거품을 경험했다. 당시 일본의 거품 형성에는 저금리, 시장에 풍부한 돈, 그리고 일본 은행들의 부동산 대출 확대 등 경제적 요인뿐만 아니라 굳게 뿌리박힌 토지 신화가 크게 작용하였다. 일본도 우리와 같이 유교문화가 과거 농경시대로부터 내려오면서 '토지는 불패', 즉 '지가는 절대 하락하지 않는다'라는 토지 신화가 형성되었다. 당시 일본의 토지 신화는 우리의 부동산 불패 이상의 무소불위였다.

1990년 일본의 토지 신화가 붕괴한 이후 일본의 토지가격은 비록 일부 지역에서 최근 다시 오르고 있지만 여전히 전반적인 하락 추세를 보인다. 2005년부터 동경권 등 일부 인기 지역을 중심으로 지가가 상승하고 있지만 아직도 동경 도심의 평균 지가는 1990년 당시 최고 수준의 30% 정도, 동경 주택가는 50% 정도에 그치고 있다. 이제 일본인들의 머리 한가운데에는 토지 신화가 아니라 토지 필패로 가득 차 있다. 토지 신화 붕괴 후 일본인들은 단독주택, 대형아파트는 절대 구매하지 않고, 반면 자신의 부를 안전한 은행이나 우체국예금 등에 꼭꼭 숨겨두었다.

일본 토지 버블 당시의 '6대 도시 토지가격' 지수 추이

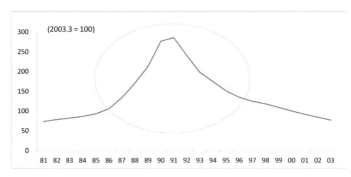

출처: 일본 내각성

똑똑한 똑똑융 금생활활

V

건강한 신용관리

11장
신용사용과 가계 재무 구조조정

　최근 가계신용(빚)이 급증하면서 사회적으로, 경제적으로 큰 쟁점이 되고 있다. 1998년 외환위기 이후 우리 사회에는 저금리 기조 속에 신용을 쉽게 생각하는 인식이 만연하다. 우리가 사회생활을 하다 보면 신용을 사용할 경우가 많다. 신용사용은 거래 내용을 밝혀줌으로써 경제를 투명하게 하고, 소비 흐름을 원활하게 해줌으로써 국민 경제를 안정적으로 성장할 수 있게 만드는 긍정적인 효과가 있다. 하지만 신용사용이 지나치면 국가 경제적 문제가 발생할 뿐만 아니라 개인적으로 신용불량 상태로 빠질 가능성이 커진다. 신용을 생활의 도구로 유용하게 활용하기 위해서는 신용의 장점을 최대한 활용하고 단점을 줄일 수 있는 전략이 필요하다.

|커지는 가계부채 이슈

2000년 이후 우리나라 국민의 신용사용이 빠르게 늘어가고 있다. 2023년 말 기준 가계신용이 1,900조 원에 육박하고, GDP 대비 비율도 100%를 돌파하면서 한동안 주춤했던 가계부채 문제가 다시 수면 위로 떠오르고 있다. 그동안 많은 사람은 '부동산 가격이 절대 내리지 않는다'라는 전제하에서 자신의 빚을 어떻게 갚을지에 대한 계획이 분명하지 않은 채 금융기관의 저금리 대출에 힘입어 주택 구매 과정에서 신용사용을 크게 늘렸다.

급증한 가계신용

과거, 그러니까 외환위기 이전에 우리나라 국민은 국가와 마찬가지로 빚이 매우 적었다. 당시 대부분의 국민이 허리띠를 졸라매고 일했다. 아끼는 게 미덕이었고 소비가 지나치면 비난하곤 했다. 오로지 부지런히 일하는 게 부국강병의 길이라며 국민을 다독였다. 주택을 마련할 때도 대부분 저축에 의존했다. 저축을 통한 목돈마련은 기본이지만, 상황에 따라 집안의 도움을 받거나 청약통장을 이용하여 집을 장만했다. 당시 우리나라의 가계저축률은 통계를 작성하는 국가들 가운데서 가장 높았다. 그때만 해도 주택가격 역시 지금처럼 비싸지 않았다.

물론 과소비가 전혀 없었던 건 아니지만 지금처럼 지나치지 않았고, 사교육에서도 지금처럼 열성적이지 않았다. 어쨌든 자신이 벌어들이는 소득 내에서 소비가 이루어졌다. 빚지는 일을 두려워했으며, 돈을 빌릴 수 있는 통로도 많지 않았던 시절이다. 그런데 외환위기 이후 집값 급등과 함께 빚이라는 그림자가 드리워지기 시작했다. 주택가격은 저금리 기조가 정착된 가운데 주택담보대출 취급 금융기관의 공급 확대와 가계의 수요 증가가 동시에 진행되면서 빠르게 증가했다. 대출을 받을 당시에는 아파트 가격의 상승률도 만만치 않아 단 한 번에 대출금을 해결할 수 있으리라는 생각도 있었다. 가계의 빚이 빠르게 증가하고, 가계의 저축은 빠른 속도로 하락하기 시작하였다.

국내 가계부채는 통계적으로 한국은행에서 발표하는 가계신용을 말한다. 가계신용이란 일반 가정이 금융기관에서 빌린 돈이나 외상으로 물품 등을 구매하고 진 빚을 모두 합한 것으로 구체적으로 가계대출, 판매 신용, 서비스 신용 등으로 구분된다. 가계대출은 우리가 물건이나 서비스를 사거나 주택을 구매하는 데 필요한 자금의 일부 또는 전부를 일정 기간 빌리는 행위이다. 은행, 보험사 등의 금융기관 대출, 마이너스 통장, 신용카드, 사채(私債) 등이 여기에 속한다. 판매 신용은 물건 대금을 일정 회차(回次)로 나누어 갚기로 하고 물건을 구매하는 행위이다. 외상거래, 카드사용, 할부 등이 여기에 속한다. 그리고 서비스 신용에는 소비자들이 서비스를 미리 공급받아 사용한 다음 나중에 그 사용료를 지급하는 행위이다. 일반적으로 전화, 전기, 상수도, 도시가스 등의 사용료를 말하며, 최근 들어서는 개인 휴대통신이나 인터넷 요금 등도 포함된다.

국내 가계신용은 글로벌 금융위기, 유럽 재정위기, 코로나 팬데믹 등 여러 위기에도 꾸준히 증가하면서 사상 최고치를 거듭하고 있다. 2024년 3분기 말 현재 한국은행 가계신용은 1,900조 원을 웃돌고, 가구당으로는 1억 원 수준이다.

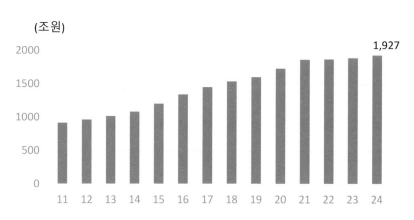

연도별 가계신용 잔액 추이

(조 원)

1,927

출처: 한국은행 경제통계시스템

안심할 수 없는 과다 가계신용

신용과 부채(빚)는 동전의 양면과 같다. 제공하는 측에서는 보면 '신용'이지만, 이용하는 소비자 처지에서는 '부채(빚)'가 된다. 우리가 과다 신용사용에 안심할 수 없는 이유는 가계부채 상환이 쉽지 않다는 데 있다. 먼저 우리나라는 대부분 환금성이 낮은 실물자산에 기반을 두고 있어 가계부채 상환능력이 크게 떨어진다. 특히 우리나라 가계의 빚은 주택을 담보한 은행 대출이 가장 큰 비율을 차지하고 있다. 그동안 부동산담보대출을 통한 자산 늘리기로 부채 규모를 키워왔다. 대부분 최악의 경우 보유하고 있는 주택을 처분하여 부채를 상환하면 된다고 생각한다. 이는 부동산 가격의 비탄력성을 인식하지 못한 결과다. 부동산은 급등할 때는 수요자가 있어도 매물을 내놓는 사람이 없다. 반대로 급락하는 경우 매물이 쏟아져 나오지만, 그것을 사고자 하는 실수요자가 없는 특성이 있다. 따라서 부동산 가격이 급락하면 실물자산인 부동산이 매각될 확률이 높지 않기 때문에 부채의 상환이 쉽지 않다.

그리고 가계부채가 급증할 당시 대부분의 사람이 구체적인 상환계획도 없이 이자만 내고 만기일시상환 방식으로 빚을 졌다. 사실 이들 중 상당수가 주택가격이 오르면 그 주택을 팔아서 갚으려 하고 있다. 최근 주택담보대출의 원리금 분할 상환으로 전환되면서 만기가 장기화하고 있지만 거치기간 등으로 아직 원금 상환이 제대로 이루어지고 있지 않은 대출이 많다. 선진국의 주택자금은 대부분 '장기 모기지'로 단순한 금융상품이라기보다는 장기간 책임져야 하는 생활에 가깝다. 우리와는 대조적이다. 대출에 대한 구체적인 상환계획이 분명치 않은 상태에서, 부동산 가격이 하락하고 대출금리가 올라가면 부채에 대한 부담은 커질 수밖에 없다. 대출을 받은 대부분의 가계는 이자가 오르면 생활비를 절감하든가, 아니면 금융상품을 매각하면서 고달픈 생활을 영위할 수밖에 없다. 실제로 설문조사 등에 따르면 대출자의 과반수 정도가 대출이 과한 수준이며, 대출로 인해 현재와 미래의 삶이 크게 저하된다고 응답하고 있다.

|건강한 신용(대출) 사용

경제적 관점에서 보면 신용은 거래 상대방이 일정 기간 후 상환 또는 지급할 수 있는 능력을 갖춘다고 인정될 때 물건이나 돈을 빌려주거나 지급 시기를 연기해 주고, 대신 미래에 수수료나 이자를 덧붙여 지급하도록 한 약속이다. 신용경력 관리를 잘한 사람은 금리, 대출한도 등의 금융거래에서 우대를, 그렇지 못한 사람은 불이익을 받을 수 있다. 신용 중 가장 대표적인 대출은 일반적으로 거래형태, 자금의 성격, 담보 유무 등 여러 측면에서 구분된다.

대출의 분류

첫째, 대출은 거래형태에 따라 건별 거래, 한도 거래, 할부금융 등으로 분류할 수 있다. 건별 거래는 대출 약정과 동시에 대출금을 한꺼번에 지급하는 대출이며, 한도 거래는 마이너스 통장 등과 같이 대출 가능 신용한도를 정하고 그 한도 범위 내에서 채무자가 필요한 때에 언제든 대출금을 찾아갈 수 있도록 하는 대출을 말한다. 그리고 할부금융은 상품 판매회사, 할부금융회사, 소비자가 서로 다른 약정으로 구성된 대출이다. 자동차 또는 주택을 구매할 때 주로 이용되며 판매회사는 상품을 판매하고, 상품 대금은 소비자의 이름으로 할부금융사에서 대출받아 지급한 후, 소비자는 상품구매 대금을 할부로 할부금융회사에 갚는다.

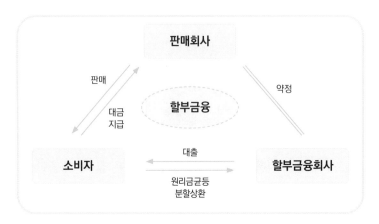

할부금융의 구조

둘째, 자금 성격에 따라 일반대출, 신탁 대출, 카드론, 약관대출, 증권 대출 등으로 구분할 수 있다. 여기서 카드론은 신용카드로 현금서비스를 받는 것과는 다른 개념이다.

자금 성격에 따른 대출

일반대출	은행 등의 금융기관이 고객의 예금, 적금, 부금 등으로 받은 자금을 대출자금으로 사용하는 대출
신탁 대출	은행이 수탁받은 신탁재산을 재원으로 취급하는 대출로서, 보통 일반대출에 비해 이자율이 높음
카드론	신용카드회사에서 회원을 대상으로 카드 사용 실적과 신용도를 기준으로 취급하는 대출로서 별도의 취급수수료가 있음
약관대출	보험회사에서 만기 환급형 저축성 보험에 가입하여 정상적으로 보험료를 납부하는 고객을 대상으로 누적 보험료 잔액 범위 내에서의 대출
증권 대출	채권이나 주식 혹은 수익증권 등 유가증권을 담보로 하여 자금 대출

셋째, 담보 유무에 따른 담보대출과 신용대출이 있다. 담보대출은 다른 채권자에 대하여 우선하여 대출금을 회수할 수 있는 우선 변제권이 보장되는 담보물이 있어야 받을 수 있는 대출이다. 보통 담보에는 인적담보(보증인)와 물적담보(부동산 등)가 있으며, 담보대출 중 가장 대표적인 것이 외환위기 이후 급증한 주택담보대출이다. 2024년 3분기 말 현재 주택담보대출의 규모는 1,100조 원을 상회하고 있으며, 이는 총 가계부채의 58%를 넘어선 수치이다. 그리고 신용대출은 담보와 보증인 없이 본인의 신용만으로 받는 대출이다. 각 금융기관은 신용대출한도를 직업, 소득, 거래실적, 인적 사항, 재산 상태 등 다양한 기준에 의해 등급별로 구분한 후 이를 종합적으로 판단하여 결정한다. 채무자의 타 금융기관 대출과 타인에 의한 보증채무까지 한도에 포함하는 경우가 대부분이다.

대출한도

신용을 사용하기 전에 반드시 자신의 부채한도를 설정해야 한다. 대출을 받을 때 금융기관마다 나름의 원칙에 따라 한도가 다르지만, 그보다 본인 스스로 상환을 감당할 수가 있고 필요한 만큼만을 빌리는 자세가 무엇보다 중요하다. 신용을 과다 사용하여 자신의 부채한도를 초과하면 사소한 비상사태에도 대처할 수 없고 돌아오는 할부금조차 내지 못하게 된다. 이 경우 더 큰 금액의 빚을 얻거나, 빚을 갚기 위해 또 다른 빚을 얻게 되면서 빚은 눈덩이처럼 불어나게 된다. 특히 연체했을 때는 높은 연체이자까지 지급해야 하므로 불어나는 속도가 더욱 빨라지게 된다. 과다한 신용사용으로 인해 발생하는 연체 문제는 신용불량 판정으로 연결되고 채무를 갚기 위한 추가 차입이 차단됨으로써 결국에는 개인파산이라는 극단적인 결과를 초래할 수 있다.

따라서 자신이 빌릴 수 있는 최대 액수가 아니라 상환능력을 근거로 빌릴 수 있다고 느끼는 최대액(생계비를 줄이지 않고도 채무를 상환할 수 있는 정도)으로 제한해야 한다. 일반적으로 사용되는 부채한도는 총 가계 소득에서 부채상환액이 차지하는 비율이 20~25% 수준을 초과하지 않고, 부채총액이 자기 순자산(자산에서 부채를 뺀 금액)의 1/3이 넘지 않도록 하고, 빌린 돈을 3년 안에 갚을 수 있는 수준에서 정해져야 한다. 과잉 채무를 방지할 수 있도록 사전에 체크리스트 작성 등 소비자 스스로가 경보 체계를 갖추고, 항상 자신의 소득 범위 내에서 지출하는 생활 습관을 길러야 할 것이다.

대출금 상환 방식

많은 사람이 빌릴 때와 갚을 때의 마음이 달라지지만, 건강한 경제생활을 지속하기 위해서는 빌린 돈은 우선하여 갚아야 한다. 대출금이 연체되면 연체이자를 물어야 하고, 조기상환을 하게 되면 더 큰 부담이 될 수 있으며, 연체가 장기화하면 신용불량자로 전락한다는 사실을 명심해야 한다. 따라서 대출은 받을 때 반드시 어떻게 상환할지를 염두에 두고 계획해야 한다. 무엇보다도 자신의 자금 상황을 잘 살펴서 자신에게 맞는 상환 방법을 선택하는 것이 매우 중요하다.

대출금 상환 방식에는 만기일시상환, 원금균등분할상환, 원리금균등분할상환, 거치식 상환 등이 있다. 만기일시상환은 대출 기간에는 이자만 내다가 대출만기일에 원금을 한꺼번에 상환하는 방법이다. 대출이자를 감당하고도 남을 수익을 올릴 수 있을 때 유리하다. 한 번에 상환할 충분한 자금 마련 계획이 서 있지 않다면 대출금 상환이 매우 큰 부담이 될 수 있으므로 조심하여야 한다. 분할 상환보다 총대출 기간에 지급한 이자의 총액이 많으므로 소비자 이자 부담이 크다. 원금균등분할상환은 대출 원금을 대출 기간으로 균등하게 나누어 매월 일정한 금액을 상환하고 이자는 매월 상환으로 줄어든 대출 잔액에 대해서만 지급하는 방법이다. 매월 상환하는 원금은 일정하지만 이자는 초기에 많지만, 회차(回次)가 지날수록 줄어드는 특성이 있다. 일시 상환에 비해 총이자가 40% 정도 작다. 원리금균등분할상환은 자동차 할부나 보금자리론 등 총이자 금액을 더한 원리금을 대출 기간으로 균등하게 나누어 매월 일정하게 납부하는 방법이다. 따라서 매월 상환금이 같다. 거치식 상환은 대출받은 후 일정 기간은 이자만 갚다가 일정 기간(거치기간)이 지난 후 원금을 분할 상환하는 방식이다.

한편 대출 기간이 길수록 분할 상환하면 월 상환금은 줄어들겠지만 대신 내는 이자는 많아진다. 따라서 무조건 대출 기간을 길게 하지 말고 상환 여력과 자금의 수급을 고려해서 대출 기간을 정해야 한다. 자칫 대출 취급수수료, 중도상환수수료 등의 추가 부담을 질 수 있다.

신용사용 전략

신용을 주는 처지에서는 신용이 좋은 사람만을 선별해서 주고자 한다. 예컨대 금융기관들은 대체로 만기 시점에서 정확히 대출금을 회수할 수 있고 이자수익이 확실하다고 판단되는 고객, 우수한 거래 고객으로 인정된 고객, 대출로 인하여 예금, 신탁, 보험 등 다른 거래를 가져올 수 있는 고객 등에 대해서만 신용거래를 하고자 한다. 금융기관을 통해 신용을 사용할 때 무엇보다도 자신의 신용을 높이는 것이지만 신용을 효율적으로 이용하기 위해서는 다음과 같은 전략도 필요하다.

첫째, 신용 비용을 절감해야 한다. 지금까지는 비용의 많고 적음을 떠나서 신용 이용 가능성에 관해서만 관심이 높았다. 그러나 앞으로는 신용사용이 필수적인 사회 환경에 대비하여 대출금액, 기간, 상환 방법 등과 관계없이 모든 대출상품의 이자 비용을 연간 기준으로 환산한 연간 요율로 비교하여 선택할 필요가 있다.

둘째, 거래 정보를 파악해야 한다. 신용은 합당한 비용을 내고 받는 서비스임에도 불구하고 대출 계약에서 소비자는 상대적으로 약자의 위치에 처하게 된다. 신용을 이용하는 본인 스스로가 거래 약관 정보를 점검하여 신용사용에 불이익이 없도록 최선을 다해야 한다.

셋째, 주거래은행으로 집중해야 한다. 은행거래는 본인은 물론 가족의 거래도 한 은행 한 지점으로 집중할 필요가 있다. 본인뿐만 아니라 가족의 실적까지도 고려하여 거래를 주거래은행으로 집중하고, 이를 기반으로 종합통장 대출을 이용하는 것도 좋다.

넷째, 저축을 통한 대출을 이용하는 것이다. 저축할 때 대출 부대 서비스가 보장된 상품(가능한 장기 상품)을 골라 저축하고, 하나의 상품으로 큰 금액을 저축하는 것보다 여러 상품에 예치하여, 유사시 자금이 필요할 경우 필요한 만큼의 저축만을 중도해지 해야 한다.

목돈 빌려줄 땐 친구라도 냉철하게(「세이노의 돈과 인생」 중에서)

친구와는 돈거래를 하지 말라고 하지만 살다 보면 돈거래가 없을 수 없다. 20대의 돈거래는 액수는 작으나 친구를 가려내는 시금석이 되기에 나는 권장한다. 20대에 친구에게 몇십만 원을 잃었다면, 40대에 몇천만 원을 잃을 뻔한 것을 액땜한 것이다.

나는 처음에 동창들에게 그냥 빌려주었으나 도망가는 친구가 생기면서 생각이 바뀌었다. 친구가 급히 큰돈을 빌려달라고 할 때는 그가 설명하는 말을 절대로 액면 그대로는 믿지 말라. 그가 거짓말을 하는 것이 아니라 그의 상황이 거짓말을 낳는다. 친구를 믿는 것은 좋지만 친구가 처한 상황은 믿지 말라. 그 친구도 미래 상황은 모른다. 고의적인 경우도 있겠지만 많은 경우에서는 친구가 당신을 속이는 것이 아니라 그의 미래 상황이 당신 돈을 못 갚게 만들며 우정도 버리게 함을 명심하라.

친구로부터 빌린 돈을 못 갚았다고? 절대 자취를 감추지 말라. 연락이 끊어지면 곧 소문이 퍼지게 되고 당신이 빚지지 않은 친구들마저 등을 돌린다.

〈동아일보〉 2001.9.2. 칼럼 요약

|가계 재무구조조정

우리나라가 1998년 외환위기를 맞았던 이유 중 하나는, 그동안 우리 경제 내부에 누적된 불합리한 점들이 외부 충격을 견뎌내지 못했기 때문이다. 외부의 충격에 우리 경제가 쉽게 무너지면서 엄청난 고통을 받았다. 당시 많은 기업과 금융기관들이 무너졌다. 위험에 처한 기업들과 금융기관들은 살아남기 위해서 불필요한 자산을 팔아 부채를 갚고 인력이나 물자 등의 불필요한 비용 요인을 줄이는 등 강도 높은 구조조정을 단행했다. 이후 수익성과 건전성이 크게 개선되어 이젠 웬만한 충격도 흡수하면서 튼튼한 성장을 지속하고 있다. 이제 이러한 구조조정이 가계에도 절실히 필요한 상황이다.

가계도 필요한 재무구조조정

우리 가계의 실상은 언제든지 위험에 빠질 수 있는 경제적 구조를 지니고 있다. 외환위기 이후 집값이 급등하면서 주택담보대출이 급증했다. 그동안 많은 사람은 부동산 가격이 절대 내리지 않는다는 전제하에서 자신의 빚을 어떻게 갚을지에 대한 계획이 분명하지 않은 채 금융기관의 대출에 힘입어 부동산 구매에 열중했다. 실물자산의 가치가 높아졌지만, 그만큼 가계의 부채 역시 덩달아 급증하였다. 가계부채 문제가 갈수록 심각해지고 있는 상황에서 실제 가계 재무 상태는 악화하고 있다. 외환위기 직후 급락한 경험을 제외하고는 오랫동안 '부동산 불패'를 자랑해 왔던 사실이 이런 위험에 둔감하게 하고 있기도 하다.

그러나 지금은 사정이 다르다. 큰 폭으로 오른 부동산 가격도 이제 크게 떨어질 수도 있는 상황이다. 게다가 가계가 지닌 자산과 부채도 유동성 면에서 불균형을 이루고 있다. 자산은 유동성이 극히 낮은 부동산이고 부채는 비교적 단기성 금융부채이기 때문이다. 이런 불균형은 부동산 가격이 폭락하는 등의 외부 환경에 따라 언제든지 위험한 상황에 빠질 수 있다. 기업이나 금융기관 등이 구조조정을 게을리해 시장이 경색되었을 때 도산에 이른 것처럼 가계 구조조정이 이루어지지 않으면 개인 역시 어려워질 수 있다.

이처럼 현재 우리나라 가계의 재무 상태는 항상 위험에 빠질 수 있는 구조를 지니고 있다. 전문가들은 주택시장과 경기의 침체가 장기화하면 대출 원금을 상환하지 못하는 가계가 급증하고, 전반적인 금융시스템마저 크게 불안해질 것으로 내다보고 있다. 많은 사람이 인정하고 싶지 않겠지만 '부동산 불패' 신화도 최근 들어 조금씩 흔들리고 있다. 특정 지역의 아파트 가격이 내려가는가 하면 매물을 내놓아도 팔리지 않는 현상 등이 일어나고 있다. 상당수 사람은 이제 오를 대로 오른 부동산을 더 이상 안전 자산으로 생각하지 않고 있으며, 그동안 무리한 빚으로 부동산에 투자한 사람들은 커다란 곤경에 처해 있다.

우리 가계도 구조조정을 통해 만일의 경우 다가올 수 있는 충격을 최소화해야 한다. 가장 먼저 필요한 구조조정 분야는 급변하는 금융환경 속에 적응하기 위해서 가계 재무구조를 개선하는 것이다. 불필요한 부채를 정리하고 금융자산이든 실물자산이든 관계없이 불필요하다면 처분할 필요가 있다. 물론 어렵게 장만한 집을 팔자니 안타까울 수도 있지만 부의 재편이 코앞에 있는 지금 가계의 재무구조 개선은 꼭 필요함 일이다.

가계 재무구조조정 예시

그러면 가계 재무구조조정은 어떻게 할 것인가? 예컨대 집이 특별한 이유 없이 2채 이상일 경우 임대 사업을 목적으로 보유하고 있는 게 아니라면, 또는 한 채를 자식에게 물려줄 목적으로 꼭 가지고 있어야 한 상황이 아니라면, 어쩔 수 없지만 노후 생활을 위해서는 처분하는 것이 바람직하다. 집이 자신이 가진 재산의 큰 부분이라면 생활에 커다란 불편함이 없는 한 고령화에 대비하여 적당한 크기로 옮겨 사는 것도 구조조정이 될 수 있다. 이렇게 해서 여유자금이 생기면 먼저 악성부채나 불필요한 대출을 정리해야 한다. 실물자산을 처분하는 과정에서 금융자산 보유를 증가시켜 자신의 포트폴리오를 재조정하고, 금융자산도 중장기적으로 투자할 자산과 긴요할 때 쓸 수 있는 단기적 자산 등으로 적절히 구분해 확보해야 한다.

그뿐만 아니라 금융상품을 선택할 때도 주택, 노후 생활자금, 자녀의 교육자금 마련, 목돈 마련 등 가능한 미래 자금 사용의 목적을 세분화할 필요가 있다. 항상 자신의 소득 범위에서 지출하는 건전 소비생활을 몸에 익히고, 고령화 시대에 대비하여 과도한 실물자산 비중을 줄여 악성부채를 서둘러 처분하는 방향으로 가계 포트폴리오를 재구성해야 한다. 보험도 마찬가지다. 보험은 비용을 지급하는 대가로 '안심'이라는 효용을 얻는 경제적 수단이지만 많을수록 반드시 좋은 건 아니다. 모든 일이 그렇듯이 비용과 혜택 사이에는 적절한 균형이 필요하다. 즉, 보험을 사는 데 발생하는 비용과 보험에서 얻어지는 혜택이 균형을 이룰 만큼만 보험 가입하는 것이 적절하다.

가정의 구조조정은 경제적인 면에만 국한되는 것이 아니다. 제2의 직업을 찾는 것 역시 가계의 구조조정으로 볼 수 있다. 비록 제1의 직업에 비해 적은 금액의 급여를 받는다고 해도 제2의 직업은 자신이 좋아하거나 사회에 봉사한다는 마음가짐으로 할 수 있다면, 시간적 여유를 가질 수 있는 직업을 택하는 지혜가 필요하다. 노동과 여가를 적절히 조화시켜 나가면서 일정 수준의 수입을 벌어들일 수 있을 뿐만 아니라 여가를 활용하여 자신이 하고 싶어 했던 일을 실현할 수가 있기 때문이다. 과거 '행복한 은퇴를 지원한다'는 한 공익 캠페인에 나온 모델들이 제2의 직업 사례를 잘 보여주고 있다. 은행원을 30년 넘게 한 한 할머니는 보육교사로 제2의 직업을 찾았고, 오랫동안 승무원으로 근무했던 여성은 동시통역사로, 30년 넘게 역사 교사로 근무했던 이는 유적지 가이드로 제2의 직업을 찾아 활동하고 있다는 내용의 캠페인이었다. 그러려면 우선 자신의 건강에 적당한 투자도 병행되어야 한다. 건강하지 못하면 뜻한 대로 이루어지지 않기 때문이다. 즉, 자신을 스스로 건강하게 지키는 것 역시 가계의 구조조정에 필요한 항목이다.

12장
신용정보와
신용관리

일반적으로 신용(credit)은 그 사람에 대한 믿음을 나타낼 뿐만 아니라, 그 사람의 경제적인 지급능력에 대한 사회적인 평가로 여겨지기도 한다. 개인 신용의 불량 정도에 따라 금융거래가 차등적으로 관리되고 있으므로 개인의 신용관리가 그 어느 때보다 중요해지고 있다. 신용이란 한번 나빠지면 제 위치로 돌리기에는 많은 시간과 노력이 소요된다. 따라서 자기 자신에 대한 믿음을 잃지 않도록 철저한 신용관리가 필요하다.

|개인신용정보의 이해

정보화 사회가 진전됨에 따라 개인의 신용거래 정보가 집중적으로 관리되고, 신용불량 정도에 따라 금융거래가 차등적으로 관리되고 있으므로 자신의 신용정보 관리에 최선을 기울일 필요가 있다. 개인신용정보란 금융거래에 있어서 거래 상대방에 대한 신용을 판단하는 데 필요한 정보로서, 현재 공적 기관인 한국신용정보원과 사적 기관인 개인신용정보 회사 등을 통해 공유되고 있다. 1997년 IMF 이후 신용위험 관리에 대한 사회적 관심이 높아지면서 기업에 대한 평가만을 주력했던 신용평가회사가 스스로 신용점수를 산출해 개인의 신용 생활에 큰 영향을 주고 있다.

개인신용정보 시스템

모든 금융기관의 개인 금융거래 고객에 대한 신용정보, 특히 연체 등 불량 신용정보를 중심으로 공적 기관인 한국신용정보원에 집중되어 관리된다. 한국신용정보원에서 관리하는 신용정보에는 식별정보, 신용거래 정보, 공공 기록 정보 등이 있으며, 자신이 거래하는 금융회사를 통해 확인할 수 있다.

한국신용정보원 관리 신용정보	
식별정보	• 주민등록번호·성명 등 본인을 식별하는 데 사용되는 정보
신용거래 정보	• 대출 현황, 채무 보증 현황 • 신용카드 발급 및 해지 사실 • 당좌·가계 예금 개설·해지 사실 • 신용카드 현금서비스 현황 • 연체·대위변제·대지급·부도 정보 등
공공 기록 정보	• 국세, 지방세 및 관세 체납 정보 • 법원의 채무 불이행자 정보 등

개인신용정보 회사로부터 확인할 수 있는 신용정보로는 한국신용정보원의 신용정보와 신용정보회사가 가지고 있는 연체 정보(통신 요금 체납 정보, 백화점 카드 대금 연체 정보 등)와 신용 조회 기록 등이 있다. 현재 모든 금융기관은 신용정보회사를 통해 연체 정보와 같은 불량정보는 물론 대출 상환 명세 및 신용카드 결제 명세 등과 같은 우량정보도 적극적으로 공유하고 있다.

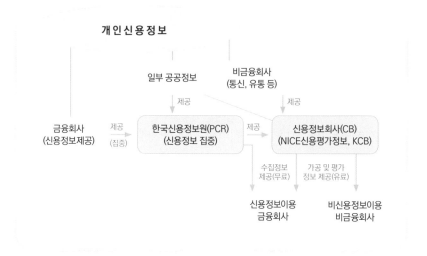

우리나라 개인신용정보 시스템

개인신용정보

개인 신용평점

신용정보회사(CB)들은 개인의 신용정보를 수집하여 평가한 후 신용평점을 부여한다. 개인 신용평점은 개인에 대한 다양한 신용정보를 종합하여, 향후 1년 이내 90일 이상 장기 연체 등 신용위험이 발생할 가능성(=위험도)을 통계적 방법에 따라 점수로 수치화한 것이다. 신용평점 점수가 낮을수록 위험도가 높다는 것을 의미한다. 개인 신용평점의 주요 평가 요소는 신용정보회사들의 홈페이지에 공시되어 있는데 회사마다 약간씩 다르지만, 공통으로 상환이력 정보, 현재의 부채 수준, 신용거래 기간, 신용 형태 정보, 신용조회정보 등이다.

첫째, 상환이력 정보는 채무의 적시 상환 여부, 과거의 채무상환을 미론 경험 등을 나타내는 정보로 주로 연체와 관련된 정보를 의미한다. 연체가 없는 건전한 상환 이력은 신용평점에 긍정적인 영향을 주지만, 채무를 적시에 상환하지 않으면 연체 정보로 인해 부정적인 영향을 미친다.

둘째, 현재의 부채 수준은 현재 보유한 채무의 수준을 나타내는 정보로서 크게 대출 정보 및 카드 정보로 구분된다. 현재 적정 수준의 부채를 유지하면서 상환 이력을 누적하면 신용평점에 긍정적이나, 현재 부채 수준이 과도할 경우 신용평점에 부정적인 영향을 줄 수 있다.

셋째, 신용거래기간은 대출, 신용카드 등 신용거래 활동을 시작한 이후의 거래 기간을 의미한다. 일반적으로 신용거래 기간이 장기일수록 신용평점에 긍정적이다. 오랫동안 정상적인 신용거래 경험이 축적된 고객은 단기 신용거래자보다 일반적으로 위험 수준이 낮기 때문이다.

넷째, 신용 형태 정보란 개개인이 여러 형태의 신용거래를 얼마나 적절히 이용하는지에 대한 정보이다. 신용 형태 정보는 대출 정보 및 카드 정보의 거래 내용에서 생성되는데 대출 및 카드 거래의 이용 패턴에 따라서 신용평점에 긍정적이거나 부정적인 영향을 미칠 수 있다.

다섯째, 신용조회정보는 본인이 아닌 신용정보 이용자(즉, 금융회사 등의 거래업체)가 본인의 신용 상태를 조회했다는 기록이다. 실제 거래가 성사되지 않더라도 조회 사실이 남게 된다. 현재 우리나라에서는 합리적인 금융상품을 찾는 고객 선택에 불이익을 주지 않기 위해서 기본적으로 활용하지 않고 있지만 미국의 경우 10% 정도의 비중을 두어 신용정보에 반영하고 있다.

현재 우리나라의 개인 신용 등급별 인원을 살펴보면, 전체 대상 인원은 약 4,000~4,200만 명 내외로 우리나라의 총인구가 5천만 명 정도임을 생각해 보았을 때 성인 대부분의 개인 신용등급을 평가하고 있다고 볼 수도 있다. 신용평점의 결과에 따라 개인의 신용등급을 1~10등급으로 산정하였다. 1~2등급은 오랜 신용거래 경력과 다양하고 우량한 신용거래 실적을 보유하고, 부실화 가능성이 매우 낮은 최우량등급이다. 3~4등급은 활발하지는 않지만, 우량 거래를 지속한다면 상위 등급 진입 가능하고, 부실화 가능성이 낮은 우량등급이다.

5~6등급은 저신용 업체와 거래관계가 있는 고객으로 단기 연체 경험이 있으며, 부실화 가능성은 일반적인 수준으로 신용관리에 주의가 필요한 일반등급이다. 7~8등급은 저신용 업체와 거래관계가 많고, 단기 연체 경험이 비교적 많고, 단기적인 신용도의 하락이 예상되며, 주의가 필요한 주의등급이다. 9~10등급은 현재 연체 중이거나 매우 심각한 연체의 경험을 보유하고, 부실화 가능성이 매우 커 관리가 필요한 위험등급이다. 일반적으로 제1금융권에서 신용대출을 받기 위해서는 CB 신용등급이 최소 5등급 이상은 되어야 하며, 7등급 이하는 사실상 은행에서의 대출이 어렵다. 신용등급은 2018년 하반기 폐지되고, 제2금융권에서도 2019년에 폐지되면서 현재 모든 금융기관에 점수만 제공하고 있다.

구간(구 등급)		KCB 신용점수	NICE 신용점수
1구간	최우량등급	942~1,000	900~1,000
2구간		891~941	870~899
3구간	우량등급	832~890	840~869
4구간		768~831	805~839
5구간	일반등급	698~767	750~804
6구간		630~697	665~749
7구간	주의등급	530~629	660~664
8구간		454~529	515~599
9구간	위험등급	335~453	445~514
10구간		0~334	0~444

개인신용정보의 관리

평소에 신용관리를 잘해서 신용불량자가 되지 않는 것이 중요하나 어쩔 수 없이 신용불량자 위치에 가까워졌을 때 금융 연체 등록이 되지 않도록 하는 것이 중요하다. 만일 본인의 뜻과 달리 금융 연체로 등록이 의심되면 자기 신용정보를 수시로 확인하여 불이익을 받는 일이 없도록 해야 한다.

거래 금융회사의 지점에 직접 찾아가 신분증을 제시하고 신용정보조회를 신청하면 신용정보를 확인할 수 있다. 자신의 신용정보를 확인한 결과 정보가 잘못되어 있는 경우 정정도 가능하다. 금융회사 등이 신용 불량 정보를 일정 기간 본인에게 통보하게 되어 있는 기간을 이용하여 상환할 수 있도록 최선의 노력을 해야 하며, 본의 아니게 통지를 못 받는 일이 발생하지 않도록 연락처 변경 등의 사항을 거래 금융기관에 철저히 통지해야 한다. 특히 한국신용정보원의 신용거래 정보의 연체 등 정보 등록 요건을 넘어서지 않도록 점검해야 할 필요가 있다.

+ 한국신용정보원의 연체 등 정보 등록 요건
- 금융권에서 50만 원을 초과하여 돈을 빌리고 3개월 이상 갚지 않은 경우
- 신용카드를 사용하고 50만 원을 초과한 청구 대금을 3개월 이상 갚지 않은 경우
- 50만 원을 초과한 할부금을 3개월 이상 갚지 않은 경우
- 어음이나 수표가 부도가 났거나 금융사기 혹은 부정 대출, 허위 서류 대출 등으로 금융 질서를 어지럽게 하는 행위를 하는 경우 등
- 50만 원 이하 연체의 경우 연체 건수가 2건 이상 등

|신용의 관리와 회복

 최근 부채가 소득이나 자산보다 더 빠른 속도로 증가하면서 가계의 재무 건전성이 꾸준히 악화하고 있다. 특히 코로나 팬데믹이 끝난 이후에는 영혼까지 끌어모은 대출로 재테크에 투자했다는 '영끌' 청년층의 신용불량 문제가 다시 불거지고 있다. 우리는 2003년 카드 사태로 주로 청년층인 신용불량자 수가 경제활동인구의 1/6을 넘는 400만 명 이상을 기록했던 뼈아픈 경험이 있다. 코로나 직전부터 이들의 부채비율은 실물자산 증가가 부채 증가를 따라가지 못하면서 다른 연령층과 비교하여 월등히 빠르게 상승하고 있다. 만일 초기에 신용관리를 잘하지 못해 어려움에 빠지게 되면 서둘러 국내 신용회복제도 등을 활용하여 신용불량의 지위에서 벗어나야 한다.

신용관리의 중요성

 청년층이 신용불량 상태가 되면 개인 금융 생활에 상당한 경제적 불이익을 받으면서 사회진출에 걸림돌로 작용한다. 통상적으로 새로 대출을 받을 수가 없으며, 현재의 대출금에 대해서도 조기 상환을 독촉받고, 당연히 연대보증을 설 수 없는 것은 물론이거니와, 신용카드의 발급이나 사용이 금지되는 등 금융거래가 크게 제한된다. 채권 회수를 위해 관련 금융회사가 채권 보전 절차에 따른 법적 소송을 취하거나, 급여 및 퇴직금 가압류, 모든 재산상의 법적인 권리에 대한 불이익처분 등 재산상의 불이익을 따를 수 있다. 또한 제도권 금융기관에서 퇴출당하는 서민은 곧바로 고금리 비등록 불법사금융 시장은 이용할 수밖에 없게 되면 생존 위험에 직면하게 된다. 금융 생활에서의 불이익뿐만 아니라 회사 취직 등을 통한 사회진출의 걸림돌로 작용할 수 있다.

그뿐만 아니라 청년층 대출 비중이 높은 금융기관(특히 서민금융기관과 대부업 등)이 부실화될 가능성이 증가한다. 청년층의 신용불량은 금융 활동 및 경제 활동을 둔화시켜 잠재성장률을 낮추고 이에 따라 경제가 장기 침체의 늪에 빠질 위험이 증가한다.

반면 신용경력 관리를 잘한 사람은 금리, 대출한도 등 금융거래 조건에서 우대받고, 그렇지 못한 사람은 불이익을 받을 수 있다. 똑같은 대출이라도 돈 빌리는 사람의 신용도에 따라 대출의 종류, 대출 가능 금액, 대출이자율, 대출 기간 및 대출 상환 방법 등이 결정된다. 금융기관 입장에서 실제 신용관리 여부에 따라 금리가 배 이상 차이가 날 수 있다.

국내 신용회복제도

국내 채무조정제도는 사적 채무조정과 공적 채무조정으로 구분된다. 사적 채무조정은 국가(법원)가 아닌 민간 조직에서 개인의 채무를 조정해 주는 것으로 신용회복위원회의 워크아웃 전 단계의 프리워크아웃 제도와 개인워크아웃 제도 등이 그것이다. 신용회복위원회는 과중 채무자 급증에 대한 대책의 하나로 과중 채무자의 조속한 경제적 재기를 지원하기 위하여 금융기관 간 신용 회복지원협약에 따라 2002년 10월 출범하였다.

신용회복위원회의 프리워크아웃 제도는 실직, 휴·폐업, 재난, 소득감소 등으로 채무상환이 어려울 것으로 예상되는 단기 연체 채무자(1~3개월)가 이자 및 상환기간 재조정 등을 통해 금융채무 불이행자로 전락하지 않고 정상적인 경제 활동이 가능토록 지원한다. 그리고 개인워크아웃 제도는 총채무액이 5억 원 이하, 연체 3개월 이상인 채무자에 대하여 연체이자 전부가 감면되며, 은행에서 손실 처리된 상각 채권에만 원금이 최대 1/2까지 감면되고, 채무는 10년 이내 분할 상환 방식으로써 6개월 단위로 2년간 상환 유예가 가능하다.

　한편 법원의 공적 채무조정제도에는 개인회생제도와 개인파산제도가 있다. 개인회생제도는 총채무액이 15억 원(무담보 5억 원, 담보부 10억 원) 이하인 개인채무자로서 계속 수입 가능성이 있는 '급여소득자'와 '영업소득자'에게 생계에 필요한 비용을 제외한 나머지로 채무를 최장 5년간 성실하게 갚아 나가면 모든 채무를 갚은 것으로 인정해 주는 제도이다. 그리고 개인파산제도는 모든 재산을 충당해도 빚을 감당할 수 없는 지급 불능 상태에 빠졌을 때 빚에 대해 면책을 받아 경제적으로 재기할 수 있도록 법원으로부터 파산자임을 인정받는 제도이다. 그 방식은 채무자 소유의 모든 재산에 대해 청산절차를 거쳐 채무를 변제하고 이후에는 면책받는 절차로 이루어진다.

국내 주요 채무자 구제제도 내용

구분	개인워크아웃	프리워크아웃	개인회생	개인파산
운영 주체	신용회복위원회	신용회복위원회	법원	법원
대상 채권자	협약가입 금융기관 보유 채권	협약가입 금융기관 보유 채권	제한 없음 (사채 포함)	제한 없음 (사채 포함)
채무 범위	5억 원 이하	5억 원 이하	무담보 채무(5억) 담보채무(10억)	제한 없음
지원 대상	일정 소득 연체 기간 3개월 이상	일정 소득 연체 기간 30일 초과 90일 미만	일정 소득 과다채무자	파산원인
보증인에 대한 효력	보증인에 대한 채권추심 불가	보증인에 대한 채권추심 불가	보증인에 대한 채권추심 가능	보증인에 대한 채권추심 가능
채무조정 수준	변제기간 최장 10년 이자 전액 원금 최대 50% 감면	무담보 최장 10년 담보 최장 20년 이자율 하향 조정 연체이자 감면	가용소득으로 최대 5년간 변제	면책

|불법 사금융 대처

코로나 팬데믹 이후 서민들의 경제적 어려움이 커지면서 불법 사금융이 활개를 치고 있다. 실제로 코로나 기간 금융감독원의 '불법 사금융 피해 신고센터'를 통한 상담 신고 건수가 빠르게 증가하고, 살인적인 고금리와 악질적인 추심 사례 등이 사회적 문제로 부상하고 있다. 신용을 잘 관리하려면 불법 사금융에도 빠지지 않도록 주의해야 한다.

불법 사금융 정의

불법 사금융에서 '불법'은 기본적으로 「대부업법」과 「채권의 공정한 추심에 관한 법(추심법)」을 위반한 것을 말한다. 「대부업법」에 의하면 금전대부 영업을 하고자 하는 자는 반드시 대부업을 등록하고, 「대부업법」 규정을 지키게 되어 있다. 따라서 만일 금전대부를 하는 자가 대부업 등록을 하지 않고 영업하거나 「대부업법」 혹은 「추심법」을 위반하여 영업하면 불법사금융을 하는 것이다.

+ 대부업상의 불법 사금융
- 미등록 대부업자가 대부 행위를 하는 경우
- 대부업체 이름, 등록번호, 금리를 기재하지 않은 광고지를 돌리거나 혹은 채무자를 현혹하는 낮은 금리를 제시하는 불법 광고를 통해 대부 거래를 유도하는 경우
- 법이 정한 채권 서류의 형식, 작성 절차, 교부 등을 지키지 않는 경우

- 채무자가 대부 금액과 이자율, 변제기간을 확인 후 자필로 기재하도록 하지 않는 경우
- 법정이자율을 초과한 금리를 수취하는 경우
- 채무자의 소득 상황을 확인하지 않고 변제능력을 초과하여 대출하는 경우
- 채무자가 원리금을 제때 상환하지 못하면 재대출이라는 편법을 사용하여 채무자의 권리인 기한이익을 상실하도록 하는 경우

+ 추심업법상의 불법 사금융
- 연체가 있거나 혹은 대출 상환이 어려울 때 본인과 관계인의 정상 생활을 저해할 만큼 방문 또는 전화 등을 통해 심하게 채무상환을 독촉하는 경우
- 협박, 감금 등 물리적인 힘을 행사하여 채무상환을 받으려고 하는 경우
- 타 채무 혹은 다중채무를 일으켜 채무를 상환하라고 강요하는 경우
- 거주지 및 직장의 지인들에게 미상환 사실을 알려 모욕과 심리적 압박감을 주는 경우

불법 사금융 최근 사례

불법 사금융 사례는 많고도 다양하다. 경찰청이나 한국대부금융협회의 신고에 따르면 연율로 5,000%가 넘는 살인적인 고금리, 신체 포기 강요(장기 등) 악질적인 사례도 있지만 여기서는 최근 금융감독원 보도자료에 나온 내구제 대출(일명 '휴대폰깡')과 사회적 관계 이용 불법 추심 사례를 들고자 한다. '내구제 대출('나를 스스로 구제하는 대출'이란 뜻)'은 휴대전화를 개통해서 단말기를 넘기고 그 대가로 현금을 수수하는 것을 의미한다. 사회적 관계 이용 불법 추심에는 지인 추심과 성 착

취 추심 등이 있다. 지인 추심은 가족·지인에게 채무 사실을 알리고 상환을 독촉하는 등 본인과 가족·지인·직장의 사회적 관계를 통해 채무자를 압박하는 것이다. 또한 성 착취 추심은 채무자의 얼굴 사진을 음란물 등에 합성하여 지인에게 전송 또는 SNS에 게시하겠다고 하거나, 상환기일 연장을 조건으로 성 착취 사진·영상을 촬영하도록 요구하여 채무자를 협박하는 것이다.

이야기로 만나는 금융

'내구제 대출' 사례[금융감독원 보도자료(23.2.20.)] 인용

① 예상치 못한 채무를 부담하게 된 경우 : A는 포털 검색을 하던 중 '폰테크(휴대폰 대출)' 업자 B에게 연락을 취했다. 이후 A와 대면한 B는 휴대폰을 개통해야 대출 심사가 가능하다며 A에게 휴대폰 2대를 개통하는 서류를 작성하게 하고, 현금 200만 원을 지급하면서 월 10만 원씩 통신 요금이 청구될 것이라는 안내를 하였으나 이내 연락이 두절되었다. 이후 A는 통신 요금 581만 원을 납부해야 한다는 통신사의 연락을 받았으며, 통신 요금 연체로 인한 채무 불이행자로 등록되었다. ☞ A는 B에게 200만 원을 받고, 통신사에 581만 원의 채무를 부담하게 됨.

② 명의 도용된 휴대폰이 범죄에 악용되어 형사처벌을 받게 된 경우 : C는 인터넷 게시글 중 '선불 유심 내구제'를 보고 D에게 연락을 취했다. C는 D에게 신분증을 보내주고 정확한 휴대폰 개통 대수를 모른 채 총 10만 원을 받았다. 몇 달 후 경찰은 C의 명의로 개통된 대포폰이 10여 개라고 연락하였고, 이후 C는 전기통신사업법 위반으로 약식 기소되어 벌금 300만 원을 선고받았다. ☞ C는 D에게 10만 원을 받고, 300만 원의 벌금형을 선고받음.

금융감독원의 불법 사금융 대처 방안

불법 사금융에 접했을 경우 금융감독원은 다음의 대처 방안을 제시하고 있다.

불법 고금리

+ 특징과 유형

- 법에서 정한 대출금리 한도를 위반하여 과도하게 높은 금리를 요구.

+ 대응 방법

- 대출업체에 대출 문의 시 지나치게 높은 금리를 요구하는 경우 대출을 거절하고 금융감독원과 상담(불법 고금리를 부담하고 있는 경우 금융감독원, 경찰청, 지자체에 신고).
- 법정 최고 이자율 20%를 초과하는 금리에 대해선 무효임을 주장. 법정금리를 초과한 이자는 무효이므로 원금 충당, 이자 반환 등을 요구하고, 필요시 법률구조공단의 도움을 받아 부당이득 반환청구 소송 등을 제기(무료로 소송을 제기한 후 사후 정산).

불법 추심

+ 특징과 유형

- 채권추심을 하면서 조직폭력배 동원, 폭행, 협박, 야간(오후 9시~오전 8시) 방문 및 전화 등을 통해 정상적인 사생활 또는 업무를 방해.
- 채권추심을 하면서 소속 회사와 성명을 밝히지 않거나, 가족 등 주변 사람에게 채무 사실을 알리겠다고 협박하거나, 대신 채무를 갚을 것을 요구.

+ 대응 방법

- 불법 채권추심을 당하면 휴대전화 등으로 녹화, 사진 촬영, 녹음 등을 하여 증거를 확보하고 경찰청 또는 지자체에 신고.
- 채권 추심 행위의 불법 여부에 대해서는 금융감독원과 상담.

대출사기

+ 특징과 유형

- 금융회사라고 속인 채 문자메시지 등을 통해 대출해 준다고 하면서 신용등급 조정비, 보증보험료, 예치금, 수수료 등의 명목으로 송금을 요구하고 이를 받은 이후 잠적.
- 대포 통장(통장을 개설한 사람과 실제 사용하는 사람이 다른 통장)은 금융 경로의 추적이 어렵기 때문에 각종 금융 범죄 수단으로 활용.
- 최근에 전자금융사기가 급증하고 있음.

+ 대응 방법

- 문자메시지 등을 통한 급전 대출 광고는 이용하지 않도록 하며, 대출 전 수수료 등 금전의 요구에 대해 거절.
- 피해 발생 시 신속하게 경찰청 신고 및 거래 금융회사에 지급정지 요청.

피싱, 스미싱, 파밍

① 피싱(phishing)은 개인정보(private data)와 낚시(fishing)의 합성어로, 개인정보를 불법적으로 알아내어 이를 이용하는 사기 수법이다. 금융기관 또는 공공기관을 가장해서 전화나 문자, 이메일, 웹사이트 등에서 해당 기관에서 보낸 것으로 위장하여 개인의 인증 번호나 신용카드번호, 계좌정보 등을 몰래 빼내는 수법을 사용한다. 우리가 잘 알고 있는 보이스피싱도 피싱의 대표적인 한 종류이다.

② 스미싱(smishing)은 문자메시지(SMS)와 피싱(fishing)의 합성어로, 문자메시지를 이용하여 인터넷 주소를 클릭하면 피해자가 모르게 악성코드가 설치되거나 소액 결제를 유도하는 사기 수법이다. 주로 무료 쿠폰을 제공한다거나 각종 경조사 초대장 등을 내용으로 보내는 방법을 많이 사용한다.

③ 파밍(pharming)은 악성코드에 감염된 PC를 조작해 이용자가 인터넷 '즐겨찾기' 또는 포털사이트 검색을 통하여 금융회사 등의 정상적인 홈페이지 주소로 접속하여도 피싱(가짜) 사이트로 유도되어 범죄자가 개인 금융정보(계좌 비밀번호, 보안카드 번호) 등을 몰래 빼가는 수법이다.

VI

계획적인 인생 설계

13장
보험과
위험관리

　보험은 누구에게나 공통으로 일어날 수 있는 위험에 대하여 여러 사람이 보험료를 내서 준비금을 마련한 다음, 구성원 중 일부가 우연하고도 급격한 사고로 손해를 입을 때 보험금을 보상하여 주는 경제적 제도이다. 그동안 우리나라 일반인들의 보험에 대한 인식도 부족했으며, 보험설계사의 전문성 또한 모자랐다. 하지만 최근 보험에 대한 인식이 개선되고 보험설계사의 전문성도 향상되고 있으며, 특히 외국의 보험회사들과 국내 대형 생명보험회사들을 중심으로 보험의 보장성 기능을 강조하면서 본래 의미의 보험 기능을 되찾아 가고 있다.

|보험의 구분

일반적으로 저축이나 투자가 목돈을 마련하거나 운용하기 위해 이루어지는 행위라면, 보험은 사망, 장애, 질병, 화재, 자동차 사고 등과 같이 규모나 빈도가 높은 위험으로 발생할 손실을 저렴한 비용으로 국가나 보험회사 등에 이전하는 위험관리 방법이다. 위험의 이전을 통해 개인이 재정적 파탄에 빠지지 않도록 보호해 주는 보험은 여러 측면에서 구분할 수 있다.

보험이란

우리는 일생을 살아가면서 참으로 많은 일들을 경험하게 된다. 그 가운데에는 우리가 전혀 예상하지 못했던 위험한 상황에 직면할 때도 잦다. 예를 들어 조기 사망, 장기 생존, 질병, 상해 등의 인적 위험, 화재나 도난 등의 손해에 따른 재산 위험 등이 그것이다. 예기치 않은 사고나 위험 등은 개인과 가계에 심각한 경제적 손실을 입히고, 나아가 가족 전체의 삶을 위협한다. 따라서 우리에게 직면한 위험 노출도 확인하고, 위험을 관리할 수 있는 적절한 방법을 찾을 필요가 있다.

위험을 관리하기 위해서 직접 위험을 회피하거나 축소하는 방법을 생각할 수가 있겠지만 복잡한 현대생활에서 마냥 피하거나 줄일 수 없는 위험도 많다. 이럴 때 우리는 보험을 이용하여 개인의 위험을 국가나 보험회사로 이전할 수가 있다. 개인의 처지에서는 발생할 수 있는 위험을 보험을 사용하여 다수에게 이전하거나 분산시켜서 개인의 인적·재무적 부담을 최소화할 수 있다.

하지만 모든 사고에 보험이 적용될 수 없다. 보험 대상이 되는 위험은 개인적인 위험이어야 한다. 전쟁이나 천재지변 등과 같이 어떤 사건이 한 번 일어났을 때 같은 보험에 가입한 거의 모든 사람에게 영향을 미칠 수 있는 성격의 위험은 보험의 대상이 되지 않는다. 이러한 위험에 대해서는 보험금을 지급할 수가 없기 때문이다. 그리고 사고도 반드시 일어나는 사고는 보험이 될 수가 없으며, 우연히 일어나야 한다. 따라서 보험금을 타기 위해 고의로 가해지는 사고에는 보험이 보상하지 않는 것을 원칙으로 한다.

사회보험 vs 민영보험

보험은 크게 국가나 사업자가 주체가 되어 어느 정도의 강제성을 띤 사회보험과 개인들이 사사로이 선택할 수 있는 민영보험으로 구분된다.

사회보험은 국민의 질병이나 부상 사망 등에 따른 경제적 어려움에 대비해 기본생활을 유지하기 위해 만들어진 사회보장제도의 하나이다. 사회보험은 사회정책을 시행하기 위하여 보험의 원리를 도입한 것으로 정부가 독점적으로 운영하며, 보장 수준은 사회적으로 최저 수준이다. 우리나라의 사회보험으로는 보통 직장을 다니면 의무적으로 가입해야 하는 국민건강보험과 국민연금, 산업재해보험, 고용보험 등 이른바 4대 보험이 그것이었는데, 2008년 8월 이후부터 노인장기요양보험이 추가

되어 이제는 5대 보험이 사회보험이라 할 수 있다.

사회보험과 민영보험

	사회보험(공적보험)	민영보험(사적보험)
가입 형태	의무 가입	임의 가입 (선택적 가입)
운영 취지	사회적 형평성	개인별 적정성
운영 주체	정부(독점적 운영)	민간기업(경쟁시장)
보장 수준	사회적 최저 수준 (보험혜택이 보험료와 정비례하지 않음)	보험료 수준에 따라 증감
보험금 지급	법률로 결정	계약에 따라 결정
종류	(5대 보험) 국민건강보험, 국민연금보험, 산업재해보상보험, 고용보험, 노인장기요양보험	보험회사의 생명보험, 손해보험, 보증보험 등

반면 민영보험은 개인들이 자발적으로 선택하여 민간 보험회사에 가입하는 보험이다. 텔레비전이나 길거리의 광고에서 흔하게 볼 수 있는 생명보험과 손해보험이 바로 그것이다. 이 중에서도 생명보험(대인 보험)은 사람의 생명이나 건강이 관련된 사고로 발생하는 경제적 손실을 보전하기 위해 만들어진 보험이고, 손해보험(재산 및 배상책임 보험, 대물 보험)은 물건이나 재산에 사고가 발생하여 경제적 손실이 생기거나 다른 사람에게 끼친 손해를 보상해 주는 보험이다.

민영보험의 구조

|생명보험

국내 민영 보험업계 전체의 보험료 수입 중 생명보험이 약 70%, 손해보험이 약 30%를 차지하고 있다. 그만큼 생명보험이 차지하는 비중이 크며, 특히 개인의 생활과 가장 밀접한 것이 생명보험이다. 생명보험은 크게 사망보험, 생존보험, 생사혼합보험 등으로 구분된다.

첫째, 사망보험은 피보험자가 보험기간 중에 사망했을 때 사망보험금이 지급되는 보험이다. 원칙적으로 보험 만료일까지 살아있다면 보험금이 지급되지 않으며, 그동안 납부한 보험료도 돌려주지 않는 보장성 보험으로서, 보험기간이 일정 기간 정해진 정기보험과 피보험자의 평생을 보장해 주는 종신보험으로 구분된다. 사망보험은 생명보험의 가장 중요한 기능임에도 불구하고 교육보험이나 양로보험에 밀려 그간 우리나라에서는 많이 활용되지 못했다. 그러나 최근 사망보험에 대한 소비자의 인식 변화와 함께 국내에서도 크게 활기를 띠고 있다.

둘째, 생존보험은 피보험자가 보험 계약 기간 동안 살아있어야만 만기에 보험금이 지급되는 보험이다. 이를 저축성보험이라고도 하는 데 원칙적으로는 피보험자가 보험기간 중에 사망하면 보험금이 지급되지 않으며, 납부한 보험료를 돌려주지 않는다. 생명보험 중에는 연금보험과 교육보험 등이 있다. 연금보험은 노후 생활에 대비하여 일정 기간(종신도 가능)에 해마다 일정액씩 지급하는 보험이다. 그리고 교육보험은 보험 가입자를 피보험자로 하여 피보험자가 사망하면 보험수익자인 자녀에게 학자금 또는 생활보조금을 지급하고, 자녀가 사망하면 계약은 소멸하고 그동안 납부한 보험료는 반납된다.

셋째, 양로보험이라고도 하는 생사혼합보험은 사망보험과 생존보험을 혼합한 보험이다. 보장성과 저축성을 다 가져야 하므로 보통 다른 보험에 비해 보험료가 높다. 그런데도 실제로 가장 많이 이용되고 있다. 일례로 어떤 사람이 32세에 액면 보험금 8,000만 원, 20년 만기의 양로보험을 구매했다면 이 사람이 사망했을 시는 액면 보험금 8,000만 원이 보험수익자에게 지급되고, 그 사람이 보험계약 만기까지 생존했다면 액면 보험금이 그 사람에게 지급된다. 생사혼합보험은 생존해도 보험금을 타고 사망해도 보험금을 타는 것으로 매우 좋은 것처럼 보일 수 있으나 보험료가 비싸고 저축 부분에 대한 수익률이 낮아서 저축이 목적이라면 그에 맞는 다른 저축 상품을 이용하고 보험은 보장을 목적으로 하는 상품을 이용하는 것이 좋다.

그리고 이름만 보면 생명보험인 것 같은 건강보험이 있다. 건강보험은 건강관리 위험에 대처하기 위한 상품으로서 원칙적으로 생명보험 상품에는 포함되지 않으나 주로 생명보험회사에 의해 판매되고 있어서 생명보험 상품으로 여겨지고 있다. 건강 관련 위험에는 상해·질병 등이 있으며, 건강의 손상으로 인한 경제적 손실에는 의료비 지출과 소득의 상실이 있다. 건강보험 중 상해보험은 우연한 사고로 신체가 다치거나 죽는 때를 대비한 상품이며, 질병보험은 특정 질병을 앓는 때를 대비하여 그 경제적 부담을 감소시키고자 하는 보험이다. 대표적인 질병보험으로는 암 보험을 들 수 있다.

손해보험 등

손해보험은 개인이 소유하고 있는 물건이나 재산에 사고가 발생하여 경제적 손실이 생기거나 다른 사람에게 끼친 손해를 보상해 주는 보험이다. 여기에는 책임보험과 재산보험이 있다. 책임보험은 다른 사람에게 손해를 입혀서 보상해야 할 때를 위한 보험인데, 여기에는 손해배상 책임보험, 재해보상 책임보험, 계약 책임보험, 신원보증인 책임보험 등이 있다. 이 중 자동차 손해배상 책임보험이 가장 대표적이다. 재산보험이란 재난이나 화재, 도난 등과 같이 재산상의 손실을 가져다주는 위험에 대비하기 위한 보험이다. 이에는 종합보험, 화재보험, 도난보험 등이 있다.

변액보험

최근 종신보험과 함께 변액(變額)보험이 저금리 상황에서 재테크와 맞물려 주목을 받고 있다. 변액보험은 가입할 때 이미 받게 될 보험금이 정액보험과는 달리, 투자 실적에 따라 보험금과 해약환급금이 변동되는 보험이다. 즉, 보험회사가 보험료를 주식이나 채권에 투자하고, 이로부터 얻는 수익에 따라 보험금의 액수가 달라지는 상품이다. 생명보험과 손해보험 어디에나 해당할 수 있다. 변액보험은 전문 설계사의 역량과 보험사의 마케팅 능력과 직결되어 있다. 운용 여하에 따라 보험금이 눈덩이처럼 불어날 수도, 휴지 조각이 되어버릴 수도 있다. 실적에 따라 보험금을 지급하는 상품이기 때문에 예금자 보호를 받지 못한다는 단점도 있다. 참고로 미국의 경우에는 변액보험 계약고가 전체 계약액의 30% 정도를 차지하고 있다.

|보험의 선택

보험은 비용을 내는 대가로 '안심'이라는 효용을 얻는 경제적 수단이다. 그렇다면 보험은 많을수록 좋은 것일까? 반드시 그렇지는 않다. 모든 일이 그렇듯이 비용과 혜택 사이에는 언제나 적절한 균형이 필요하다. 즉 보험을 구매하는 데 발생하는 비용과 보험에서 얻어지는 혜택이 균형을 이룰 수 있는 만큼만 보험에 가입하는 것이 합리적인 방법이다.

보험 선택과 방법

보험 가입에 앞서 내 인생에서 어떤 위험을 관리해야 할 것인가에 대해 신중히 고민해야 한다. 보험에 새로이 가입하거나 기존 계약을 유지하는 동안에도 지속적인 관심이 필요하다. 시간이 지남에 따라 안고 있던 위험이 소멸할 수도 있고, 없었던 위험이 새롭게 생길 수도 있기 때문이다. 따라서 위험의 변동에 따라 보험의 보유 형태도 달라져야 한다.

일반적으로 나이에 따라 부닥치는 사고나 위험이 다르므로 자신의 나이에 맞는 상품에 가입해야 할 것이다. 통상 30대 초반까지는 재해 상해 위주로 가입하고, 30대 후반부터는 건강보험과 일반 사망에 대한 보장에도 관심을 가져야 한다. 40대부터는 종신보험에 가입하고, 50대에는 노후 생활비 마련을 생각하여 저축성보험에 가입할 필요가 있다.

일상생활 위험과 보험의 종류

위험	민영보험	사회보험
조기사망	생명보험(종신보험, 변액보험)	
은퇴	개인연금보험	국민연금
실업		고용보험
질병	암 보험 등 건강보험	국민건강보험 노인장기요양보험
상해	상해보험	산업재해보상보험
자동차 관련 손실	자동차보험, 운전자 보험	
화재	화재보험	
타인에 대한 보증	보증보험	
도난에 의한 손실	도난보험	

출처: 김성민, 길재욱, 김한수(1998), 생활 재무관리, 경문사

보험 중에서 우리 생활과 밀접한 생명보험의 선택에 대해 살펴보자. 생명보험을 선택할 때 가장 중요한 일은 자신과 가계의 수요를 분석하는 것이다. 즉, 보험을 이용하여 무엇을 해결하려고 하는지를 규명하고, 그 문제를 해결하는 데 생명보험을 포함한 어떤 수단이 가장 적합한지를 결정해야 한다. 만일 생명보험이 자신이 직면하고 있는 문제의 해결에 적절하다고 판단된다면, 먼저 해야 할 일은 가계의 필요 자금을 분석하고, 보장해야 할 금액을 계산해야 한다. 생명보험은 본질적으로 경제적 책임을 지고 있는 가장이 부상 또는 사망으로 경제적 능력을 잃게 되었을 때를 대비한 것이다. 따라서 먼저 생존 가족원의 평생 기본생활비와 자녀 교육비 및 결혼자금, 그 외에 가계가 필요로 하는 추가 자금을 계산해 보아야 하며, 기본적으로 그러한 가계 필요 자금이 보장될 수 있도록 해야 한다. 개별 가계마다 가정생활의 주기에 따라 각각의 니즈를 분석해야 하며 그를 커버할 수 있는 자금을 계산해야 한다.

그다음에는 가계에 가장 유리한 생명보험 상품을 선택하는 것이다. 한정되는 동안에만 보장할 때 정기보험이, 평생 지속되는 보험요구에는 종신보험이 필요하다. 또한 생명보험 상품을 이용하여 대출받을 수 있도록 해 놓으면 가계에 유익하게 이용할 수 있다. 사망 시 최고의 보험금을 지급해 주는 상품보다는 최고 보험금은 다소 낮아도 암이나 재해, 입원 등 다양한 부분을 폭넓게 보장할 수 있는 상품이 있는지를 보아야 한다.

그리고 보장을 받을 수 있는 '보험기간'과 보험료를 내는 '납부 기간'

은 길수록 좋다. 특히 건강보험과 암 보험의 경우가 그러하다. 보험기간을 짧게 잡으면 종료 후 다시 보험에 가입하려 할 때 보험료가 높아질 뿐만 아니라 건강상의 이유로 가입 자체가 거절되는 경우도 발생할 수 있다. 또 지루하다는 이유로 납부 기간을 짧게 하는 경우가 많은데, 이는 소득공제 혜택을 누리는 기간이 그만큼 짧아진다는 것을 의미한다. 설계사로서는 보험료를 짧은 기간에 많이 내는 상품을 판매해야 수당이 많아지기 때문에, 이런 상품을 추천하는 경우가 있으나 절대로 현혹되지 말아야 한다.

이야기로 만나는 금융

보험을 통한 절세

보험은 훌륭한 절세 수단이 될 수 있다. 먼저 근로 소득자가 보장성 보험에 가입하면 2024년 말 기준으로 연간 100만 원까지 소득공제 혜택을 받을 수 있다. 2001년 이후 개인연금에 가입한 사람은 납부 보험료의 10%까지 소득공제 혜택을 받을 수 있다. 특히 개인연금의 경우 보험료를 납부하는 기간에는 이자소득세를 내지 않고, 연금을 받는 기간에 과세한다. 생존보험을 받게 되었을 때 배우자는 5억 원, 자녀는 3,000만 원(미성년자는 1,500만 원)까지 증여세를 물지 않는다. 따라서 이 한도에서 보험료를 내면 보험계약자와 수익자가 다르더라도 증여세를 내지 않아도 된다.

한편 사망보험으로 상속세 문제를 해결할 수 있다. 일반적으로 사망보험금을 받을 때 계약자와 수익자가 다르면 상속세 문제가 발생한다. 피보험자 본인이 계약자일 경우, 피보험자가 사망할 때 상속인이 유가족에게 지급되는 사망보험금은 상속 재산으로 간주한다. 따라서 유가족에게 상속제 문제가 생긴다. 하지만 계약자를 상속인 중의 한 사람으로 해두면 상속세를 걱정하지 않아도 된다. 미국에서는 이러한 방법이 보편적으로 이용되고 있다.

종신보험 체크포인트

최근 생활의 불확실성이 높아지고, 고령화 사회로 접어들면서 종신보험이 크게 관심을 받고 있다. 종신보험은 한번 가입하면 평생 보장받는, 즉 피보험자가 언제 어떤 경우로 사망하더라도 약정된 보험금이 유가족에게 지급되는 상품이다. 일반적으로 종신보험은 계약자의 소득수준 및 라이프 사이클에 맞게 보장의 조합이 쉬운 맞춤 설계형 상품으로서, 다양한 특약을 조합하여 종합적인 보장이 가능하다. 심지어 가입 후 2년만 지나면 자살하더라도 보험금이 지급되기도 한다. 그뿐만 아니라 종신보험을 통해 세금도 절약할 수 있고, 보장성 보험이기 때문에 연간 납부한 보험료에 대해 100만 원 한도로 연말 소득공제 혜택도 받을 수 있다. 그리고 상속세 면제도 가능하다.

종신보험은 주계약과 특약으로 구성된다. 주계약은 사망보험금을 얼마로 할 것인가를 결정하는 것이다. 주계약 부분은 대체로 모든 보험회사마다 같다. 그러나 특약은 보험회사마다 큰 차이가 있으므로 자신에게 꼭 필요한 특약을 제공하는 회사의 상품을 선택하는 것이 현명하다. 특약은 크게 재해나 질병에 대비한 특약, 연금으로 전환할 수 있는 특약, 일정 시점 이전에 사망하면 납부금이 많아지는 정기 특약, 보험금 납부가 어려워지면 보험금을 줄이는 감액 완납 방식 등으로 나뉜다.

종신보험은 돌아오는 혜택이 큰 만큼 보험료가 다른 보험상품들에 비해 비싸다. 특약에 따라 별도의 보험료를 지급해야 하지만 특별한 대안이 없으면 현대사회를 살아가기 위해서는 종신보험만 한 것도 없다고 평가되고 있다. 국내 한 경제연구소의 조사에 따르면, 우리나라 가구의 60% 이상은 가장의 소득이 끊기면 1년 안에 무너진다고 한다. 불의의 사고로 가장이 사망하면 자녀들은 제대로 교육받기 어려울뿐더러, 결혼하는 데도 어려움이 많다. 또한 남겨진 배우자는 바로 생활 전선에 뛰어들어야 할지도 모른다. 남은 가족에게 큰 시련을 안겨 주는 것이다. 이런 상황에서 종신보험은 큰 역할을 하게 되며, 앞으로 그 중요성은 더욱 증가할 것으로 예상된다.

종신보험은 말 그대로 평생을 끌고 가는 보험이기 때문에 가입 단계에서부터 신중히 처리해야 한다. 그리고 '맞춤 보험'이기 때문에 자신의 직업·수입·나이·가족 구성을 종합적으로 고려해, 경제적으로 부담되지 않는 범위에서 보험료를 결정해야 한다. 개인마다 차이는 있겠지만 월수입의 5~7% 수준에서 보험료를 책정하면 무리가 없다. 또한 종신보험의 특성상 수십 년 뒤에 보험금을 받게 되기 때문에, 그사이 보험회사가 파산해 버리면 큰 낭패가 아닐 수 없다. 따라서 보험회사의 안정성을 반드시 고려해야 한다.

종신보험에 가입하는 것은 현재지만 실제 보험금은 미래에 받게 된다. 지금 당장은 사망보험금 몇억 원이 큰돈으로 여겨질 수 있지만, 먼 미래에는 그 돈의 가치가 얼마나 될지 아무도 장담할 수 없다는 점도 고려해야 한다.

|보험 가입 경로와 계약자 의무

　그동안 우리나라에서는 인간적 유대관계를 통한 보험 가입이 많다. 그러다 보니 간혹 쓸데없이 여러 개의 보험에 가입하는 사례가 종종 있다. 자신에게 맞는 보험을 선택한 후 보험에 가입하는 경로는 다양하다. 여러 방법의 특성을 알고 나서 직접 방문하거나 인터넷 등을 이용하여서 가입하면 된다. 그리고 보험에 가입하면 보험계약자가 되는데, 보험계약을 꼼꼼히 살펴보고, 보험계약자의 의무를 지켜야 한다.

보험 가입 경로

　보험 가입에는 보통 5가지 경로가 있다. 어느 방법이든지 각기 장단점이 있어서 잘 판단해서 할 필요가 있다. 보험은 보험회사나 보험대리점에서만 취급하는 것이 아니다. 은행도 자체 판매망을 통해 은행 고객을 대상으로 보험상품을 판매하고 관련 서비스를 제공하기도 하는데 이를 방카슈랑스라 한다. 이는 유럽에서 발전된 개념으로 프랑스어로 은행을 의미하는 Banque와 보험을 의미하는 Assurance의 합성어이다. 그리고 직접 현장 방문을 통하거나 설계사를 통하는 것보다 인터넷, 전화 등으로 하면 보험료 절감 측면에서 유리하다. 단 이 경우 대부분 보장 내용이 간단하여서 기본적인 보장만을 원할 때 가입하는 것이 바람직하다. 즉 젊은 층이 가입하면 좋다.

직급(直給)	• 보험회사의 정규 사원과 직접 계약 체결 • 보험회사는 계약체결, 보험료 수령, 보험료 협상 등의 권한 보유 • 다른 회사의 보험과는 비교가 어려움
전속 대리점	• 보험회사를 대신하여 보험 모집, 계약체결, 보험료 수령 • 보험료에 대한 협상권은 없음 • 특정 회사의 상품만 판매 가능
보험설계사	• 특정 회사의 정식 및 촉탁 사원 • 보험료 수령권만 소유(보험료 협상권, 계약 체결 대리권 없음)
보험중개인	• 다양한 보험회사 상품을 비교 → 가장 좋은 보험상품 선택 가능 • 계약체결 대리권은 없으나, 보험료 협상권과 수령권은 있음
방카슈랑스	• 일반은행, 특수은행, 저축은행, 증권회사, 카드사 등에서 가입 • 초기에는 제한적인 상품만 판매 → 점진적으로 판매 상품 확대

보험계약과 계약자의 의무

보험은 기본적으로 보험자(보험회사)와 보험계약자 간의 계약이다. 보험계약자는 보험료를 지급하고, 보험회사는 특정한 사고로 인한 경제적 손실에 대해 보상을 약속하는 계약인 것이다. 이러한 보험계약의 내용을 담고 있는 것이 바로 보험의 약관이다. 약관이란 일방의 거래 당사자가 다수의 상대방과 계약을 체결하기 위하여 계약이 이루어지기 이전에 이미 작성한 형식의 조항을 말한다. 따라서 보험계약자가 보험회사와 계약의 조항 하나하나를 흥정하는 것이 아니라, 이미 만들어진 계약조항에 보험계약자가 동의함으로써 계약이 성립된다.

대개 약관은 보험회사에 의해 사전에 작성된 것이기 때문에 소비자 위주라기보다는 보험회사 자신에게 유리하게 작용할 여지가 있다. 따라서 보험계약 시 계약자는 이러한 약관에 근거하여 자신이 보장받고자 하는 위험이 실제로 보장받을 수 있는지, 또는 보험계약이 성립될 수 있는지 등을 신중히 검토해야 한다.

보험에 가입하고자 하는 사람은 소정의 보험계약서를 작성하고 기명날인하거나 사인을 하여 제출하는데, 이를 청약이라고 한다. 보험계약은 가입 신청자가 보험청약서 및 필요한 서류를 제출하고, 보험자는 이를 승낙하며, 가입자가 1회분의 보험금을 지급한 날로부터 그 효력을 발생한다. 보험계약이 성립하면 보험자는 즉시 보험증권을 작성하여 보험계약자에게 내주어야 한다. 보험증권에는 보험의 목적, 보험사고의 성질, 보험금액·보험료, 지급 방법, 보험기간, 보험계약자의 주소와 성명, 상호, 보험계약일 등이 기재되어 있다. 보험증권이 틀리면 증권의 교부가 있는 날로부터 1개월 이내에 이의를 제기할 수 있다.

보험계약 시에는 계약자가 지켜야 하는 몇 가지 의무가 있다. 첫째, 보험계약자는 최대한 자신을 솔직히 알려야 할 고지의 의무를 지닌다. 만약 중대한 사실이 거짓으로 판명되면 보험계약이 해지될 수 있으므로 주의해야 한다. 건강보험에 가입하기 위해 근래의 병력을 거짓으로 고지하고 이를 보험회사가 알아냈다면 보험회사는 보험계약을 해지할 수 있다. 둘째, 보험계약자는 보험 가입 후에 사고 발생의 위험이 현저하게 변경되었을 때 그 사실을 즉시 보험회사에 통지해야 하는 통지의 의무가 있다. 이를 위반하면 보험계약이 해지될 수도 있고, 사고가 발생하였다 하더라도 보험금을 받지 못할 수가 있다. 예컨대 출퇴근용 개인 자동차로 보험에 가입한 자신의 승용차를 영업을 위해 하루 종일 이용한다면 보험계약자는 이 같은 사실을 즉시 보험회사에 통지하여야 한다. 셋째, 보험사고가 발생하였을 때 보험계약자는 손해를 줄이기 위해 최선의 노력을 다해야 하는데, 이를 손해방지의 의무라고 한다. 어차피 보험회사가 피해액을 보상해 줄 것이라는 태도로 손해방지 의무를 소홀히 한다면, 보험계약이 해지되거나 보험금이 감액될 수 있다.

+ 반드시 구분하여 알아야 할 보험 용어
- 보험자(insurer): 보험을 인수하는 자(보험회사)로서 보험금을 지급할 책임을 지님
- 보험계약자(contractor): 보험에 가입하는 사람으로 보험회사와 자기의 이름으로 계약을 체결하고 보험료 납입의 의무를 짐
- 피보험자(the insured): 손해보험에서는 피보험이익의 주체이며, 보험금을 받는 자이며, 생명보험에서는 사람의 생(生)과 사(死)라는 보험사고 발생의 객체가 되는 사람으로, 반드시 그가 보험금의 수령자가 되는 것은 아님
- 수익자(beneficiary): 피보험자의 보험사고(사망, 고도의 장해 등)가 발생할 때 보험금을 수취하는 지위에 있는 사람으로 계약체결 시 미리 지정하거나 미지정 시에는 상속인이 수익자가 되기도 함
- 보험료(premiums): 보험계약자가 보장받기 위하여 보험회사에 지급하는 금액
- 보험금(insurance money, sum insured): 보험사고 발생 시 보험자가 피보험자 또는 보험수익자에게 지급하는 금액

14장
주택 마련

인류는 태초부터 주택을 짓기 시작하였으며, 문명이 발달함에 따라 더 쾌적하고도 견실한 주택을 위해 끊임없이 노력하고 있다. 우리나라도 그동안 지속적인 경제성장과 적극적인 주택공급 정책에 힘입어 주택이 많이 보급되었다. 이런 가운데 아파트 위주의 공동주택이 대표적인 주거의 형태로 자리 잡으면서 주택의 질적 수준 또한 크게 향상되었다. 우리나라는 오랫동안 농경문화에 젖은 덕분인지 부동산에 대한 애착이 유난히 커서 우리 금융생활의 큰 목표 중 하나가 집을 마련하는 일이다.

|주택의 기능과 구분

　주택은 인간을 비바람이나 추위·더위와 같은 자연적 피해와 도난·파괴와 같은 사회적 침해로부터 보호하기 위한 건물로서, 인간의 생리적 욕구를 해결하고 재창조를 위한 휴식과 문화생활을 담는 공간 등으로서 다양한 기능을 가지고 있다. 그뿐만 아니라 우리나라 주택은 형태별로 다양하게 분류되고 있으며, 그중에서도 아파트가 가장 대표적인 주택이 되었다.

주택의 기능

　주택에는 다양한 기능이 있다. 첫째, 물리적 은신처(shelter), 즉 집(house)의 기능이다. 주택은 비, 바람, 대기 등 자연계의 위협적인 조건으로부터 인간을 보호하는 가장 기초적인 기능을 수행한다. 진정한 은신처의 기능을 발휘하려면 주택 수요자들이 처한 자연적 환경조건에 대응할 수 있는 양과 질을 갖춘 물적 구조와 기능을 갖추어야 한다.

　둘째, 프라이버시의 장(place of privacy), 즉 가구(household)가 사생활을 보장받는 공간 기능이다. 현대사회에 접어들면서 전통적인 가족 단위의 가구보다는 독신 가구 등 개인적인 주거 형태가 증가하고, 근래에 들어 원룸주택, 재택근무 등에 대한 수요 역시 증가하고 있으며 홈오토메이션과 인터넷망 등 주택기능도 고도화되고 있다.

셋째, 경제·사회적 입지(location) 기능이다. 주택의 위치 여하에 따라 이웃, 학교, 직장, 문화시설과의 거리 및 관계가 변동되어 사회경제 환경 속에서 가구의 상대적 위치가 결정된다. 도시계획 등 계획적 토대 위에서 교통·환경 문제 등 주거환경을 고려한 커뮤니티 개발의 필요성이 커지고 있다. 넷째, 고가의 재산 기능이다. 고가의 재화인 주택은 그 자체로서 안정적 투자수단과 재산으로의 기능을 수행한다. 농경 문화권 하에서 자연스럽게 부동산의 가치를 유달리 높게 평가하는 우리나라의 경우 주택은 재산으로서의 개념이 상당히 크다.

주택의 구분

주택을 형태(주택법 제2조 제1호)에 따라 분류하면 단독주택, 공동주택으로 구분된다. 단독주택에는 우리가 생각하는 일반 단독주택뿐만 아니라, 3층 이하면서 연면적(延面積) 200평 이하의 주택도 이에 포함된다. 공동주택에는 5층 이상의 주택인 아파트, 4층 이하이되 연면적(延面積) 200평을 초과하는 연립주택, 연면적 200평 이하인 다세대주택이 등이 있다.

또한 주택을 자금지원 여부(주택법 제2조 제3호)에 따라 분류하면, 국민주택기금을 지원받아 건설되거나 개량되는 국민주택과 '국민주택이외'의 주택으로 구분된다. 국민주택은 국민주택기금을 지원받아 건설되거나 개량되는 주택[현재 국민주택기금은 85㎡(25.7평) 이하에만 지원] 등을 말하며, '국민주택이외'의 주택은 기금지원을 받지 않고 건설되거나 개량된 주택을 말한다.

그리고 주택공급(주택공급에 관한 규칙 제2조)에 따라 분류하면 공공적 성격의 국민주택과 이를 제외한 민영주택으로 구분할 수 있다. 국민주택은 '국가·지자체·대한주택공사 또는 지방공사'가 건설하는 주택 중 85㎡ 이하의 주택을 말하며, 민영주택은 '국민주택'을 제외한 주택을 말한다.

금융 용어 따라잡기

다가구주택 vs 다세대주택

우리는 흔히 다가구주택과 다세대주택을 혼동하곤 한다. 건축법 시행령에 따라 분류하면 다가구주택은 단독주택으로 분류되며, 주택으로 쓰이는 층수(지하층을 제외)가 3개 층 이하이며, 19세대 이하가 거주할 수 있는 주택이다. 반면 다세대주택은 공동주택으로 분류되고, 주택으로 쓰이는 1개 동의 연면적(지하 주차장 면적 제외) 660㎡ 이하이고 층수가 4개 층 이하인 주택을 말한다.

아파트 위주의 국내 주택시장

우리나라는 그동안 정부의 적극적인 주택공급 확대 정책에 힘입어 많은 주택보급이 이뤄졌다. 주택의 양적 수준을 나타내는 전국의 신(新)주택보급률(가구 수 대비 주택 수 비율)은 지난 2005년부터 100%를 웃돈 이후 꾸준히 증가하면서 2022년 102.1%를 기록하고 있다. 그러나 주택수요가 많은 수도권 지역의 주택보급률이나 자기 집을 가진 사람의 비율인 자가주택 비율은 선진국과 비교해서 아직 낮은 수준이다.

그런 가운데 국내 주택은 심각한 택지난 완화, 생활의 편리, 관리의 효율성 등으로 인해 단독주택보다 아파트 등 공동주택에 대한 선호도가 갈수록 높아지고 있다. 우리나라가 경제 발전의 성과를 충분히 누리기 전인 1980년에는 아파트 비중이 약 7% 정도에 불과했다. 이후 국내 베이비붐 세대가 본격적으로 산업현장에 투입되면서 아파트가 대량 생산되기 시작했다. 통계청 자료에 의하면 1980년 기준 국내 실 아파트 수는 약 37만 4,000호에서 2022년 1,135만 호로 폭발적으로 증가하였다. 전체 주택에서 차지하는 아파트 비중이 2022년 55.2%를 차지하고 있다. '아파트 공화국'이라 해도 과언이 아니다. 이러한 추세는 당분간 더욱 지속될 것으로 예상된다.

대한민국 아파트 역사

각 지역의 풍토적 환경과 민족성은 주택과 마을의 형태를 독자적인 형식으로 발전시켰다. 근대 주택은 핵가족화가 빠르게 진행되면서 소형화·단순화 경향을 보이다가, 산업사회가 도시의 발달을 가져오면서 아파트와 같은 집단주택의 유형이 보편화되고 있다. 아파트(apart)란 여러 개의 주거 단위로 이루어진 건물을 뜻하며 보다 정확히 표현하자면 아파트먼트 블록(apartment block)이다. 유럽에서는 이미 16세기에 에든버러와 파리에 고층 아파트가 지어졌으나 진정한 의미의 아파트 건물은 1850년대 영국에서 소규모 아파트가 지어지면서 비로소 발달하기 시작했다.

한국에서 아파트 주거형식이 나타나기 시작한 것은 일제강점기 서울시 서대문 풍전아파트, 적선동 내자아파트 등에서부터이다. 그러나 본격적으로는 1962년 대한주택공사가 설립되면서 대규모 택지개발 및 불량주택 재개발과 함께 대형아파트와 고층 아파트가 건설되기 시작하였다. 당시 서울시는 세운상가·낙원상가·대왕상가 아파트, 한강 아파트와 여의도에 아파트 등 곳곳에 아파트단지를 건설했다. 이런 가운데 1970년 4월 와우아파트 붕괴는 부실 공사의 중요성을 일깨워 준 중요한 교훈이 되었다.

1970년대에 들어서면서 주택 문제 해결의 하나로 아파트가 대량으로 공급되어 민간업체들도 아파드 사업에 적극적으로 참여하기 시작했다. 1970년대 말과 1980년대 초에 과천·강남·영동 등지에 대규모 아파트단지가 건설되었고, 이즈음 새로운 도시형 집합 주거인 다세대주택과 빌라 형식의 연립주택이 나타났다. 1980년대 후반 이후 주거 문제를 해결하기 위한 정부의 노력으로 많은 아파트가 건립되었다. 서울시 상계지구 아파트에 100만 평 규모의 대단위 신시가지 개발되었고, 주택건설 200만 호를 달성하기 위해 분당·일산·평촌·산본·중동 등 5개 신도시 등도 이때 건설되었다.

|주택 마련

우리가 사회로 진출하면서 본격 시작하게 되는 금융 생활에서 큰 목표 중 하나가 집을 마련하는 일이다. 우리나라에서 주택을 마련하는 방법에는 여러 가지가 있지만 가장 대표적인 것이 청약통장을 이용하거나 금융기관으로부터 대출을 받아 사는 것이다.

청약통장 이용

우리나라에서 가장 대표적인 주택인 아파트의 경우 청약통장이 있어야 새 아파트를 분양받을 수 있는 청약 자격이 주어진다. 우리나라에서는 아파트를 새로 지을 때 건설사에서는 분양 공고를 내어 청약통장 가입자 중 당첨된 사람들에게 자금을 받아서 아파트를 짓는 선분양제도가 관행이다. 청약통장 이용은 당첨된 후 입주까지 분양 대금을 여러 번 나눠서 내게 되므로 큰 부담을 주지 않아 내 집 마련에 매우 좋은 방법이다. 그뿐만 아니라 과거에는 분양 가격과 시세가 커 청약통장을 통해 아파트 분양 당첨은 훌륭한 재테크 수단이기도 했다.

청약통장에는 청약저축, 청약부금, 청약예금 등이 있으며, 한 사람이 동시에 여러 통장에 가입할 수는 없다. 청약저축은 임대아파트, 주공아파트 위주로 청약할 수 있는, 매달 납부하는 적금 형태의 상품이다. 청약부금은 민간 건설사에서 분양하는 85㎡ 이하의 아파트를 구매할 수 있는 적금 형태의 상품이다. 그리고 청약예금은 정기예금처럼 한꺼번에 돈을 넣어 두어야 하며 큰 평수까지 청약할 수 있는 금융상품이다.

2009년 5월에는 3개를 통합한 일명 '만능통장'이라 불리는 주택청약종합저축이 도입되었다. 2015년 9월 1일부터 청약예금, 청약부금, 청약 적금은 신규 가입이 불가능하게 되었고 주택청약종합저축만 신규 가입이 가능하다. 이 통장 하나면 공공주택, 임대 주택, 민간 주택 등 모든 주택에 청약할 수 있다. 주택청약종합저축은 주택 소유 여부나 나이 제한 없이 누구나 가입할 수 있다. 즉, 주택 소유자나 미성년자도 가입할 수 있으며, 매월 2만 원 이상 50만 원 이하 금액을 5,000원 단위로 납부할 수 있다. 2만 원에서 50만 원 사이의 일정 금액을 24개월 납부하면 청약저축 1순위 자격을 얻을 수 있다. 일반적인 예금상품보다 금리가 높고 소득공제를 받을 수 있는 장점이 있다. 예금자보호법에 따른 예금 보호의 대상은 아니지만, 국민주택기금의 자원 조성을 위한 저축 상품이고 이것을 국가가 관리하고 있으므로 실질적으로 예금자 보호가 가능한 상품이다. 실수요자 중심의 주택공급을 위해 청약가점제가 도입되어 실행되고 있어서 무주택기간이 길수록, 부양가족 수가 많을수록, 청약통장 가입 기간이 길수록 높은 점수를 받아 당첨될 확률이 높아진다.

한편 가끔 한시적으로 출시되는 청년 우대형 청약통장이 있다. 2023년 현재 일반 주택청약종합저축의 금리 연 1.5%에 우대금리를 추가하여 최대 연 4.3%의 금리를 제공하고, 이자소득에 대한 연 600만 원까지의 비과세 혜택과 40%의 소득 공제 혜택도 제공하는 등 다양한 이점이 있다. 청년은 주택청약 가입을 위해서 사전에 알아보고 자기에게 적합한 것을 선택할 필요가 있다.

금융기관 대출

은행 등 금융기관의 주택담보대출을 이용하여 주택을 구매할 수 있다. 외환위기 이후 저금리 기조가 정착되면서 많은 사람이 구매할 집을 담보로 대출을 받아 주택을 사는 것이 일반화되고 있다. 주택담보대출이 고객의 요구에 맞춰 점차 다양해지고 서비스 경쟁이 심화하면서 대출 세일 경쟁이 일어나고 있으며, 대출 만기도 점차 길어지고 있다. 과도한 대출로 인한 폐해를 우려하여 금융기관 대출 시 담보물의 가격에 대비하여 인정해 주는 금액의 비율인 담보인정비율(LTV: loan-to-value ratio)이 적용된다. 만일 LTV가 60%라면 대출자가 시가 5억 원 주택을 담보로 최대 3억 원까지 대출할 수 있다. 그뿐만 아니라 연간 총소득에서 연간 원금과 이자의 상환액이 차지하는 비중인 총부채상환비율(DTI: debt-to-income ratio)도 동시에 적용되고 있다.

또한 '보금자리론' 등 주택금융공사가 보증하는 모기지 상품을 은행 보험사 등에서 구매하여 주택을 마련하거나, 은행 자체의 모기지 상품을 이용하여 주택을 마련할 수도 있다. 주택금융공사의 '보금자리론'은 일반적인 주택담보대출보다 금리가 다소 높을 수가 있지만 고정금리이기 때문에 금리 변동 위험이 없다. 일반적으로 20세 이상 무주택자 및 1주택 소유자를 대상으로 하며, 6억 원 이하 주택의 구매를 목적으로 집값의 70%까지 3억 원 한도 내에서 대출할 수 있다. 대출 기간은 10

년, 15년, 20년 등 장기이며, 상환은 원금 분할 상환 또는 원리금 분할 상환 형식으로 이루어진다. 국민주택규모(85㎡) 이하 소형 주택을 구매하는 경우 대출상환액에 대해 연간 1천만 원 이내에서 소득공제를 받을 수 있다. 또한 담보 인증 비율(LTV)도 70%로 은행의 40~60%에 비해 높다.

기타 방법

재개발 및 재건축아파트, 조합주택을 이용하는 방법도 있다. 소위 '딱지'라고 하는 재개발 조합원의 지분을 매입하면 조합원 자격으로 아파트를 분양받을 수 있다. 또한 지은 지 30년이 지난 아파트를 대상으로 재건축할 때 참여하여 주택을 마련할 수 있다. 물론 재건축할 수 있는지 아닌지를 가늠하는 기준인 안전진단 등을 통과해야만 재건축을 추진할 수 있다. 또한 청약예금이나 청약부금에 가입하지 않았거나 순위가 낮은 무주택자들이 결성한 조합에서 분양하는 조합주택을 통해서도 주택을 마련할 수가 있다. 물론 직장 조합의 경우 해당 직장에서 일정 기간 이상 근무하여야 한다.

그리고 경매 및 공매를 통해서도 주택을 마련할 수가 있다. 경매(競賣)란 채무를 갚지 못해 채권자에게 압류된 주택을 법원에서 입찰하는 것이고, 공매(公賣)는 자산관리공사(KAMCO)가 비업무용 부동산과 압류 부동산을 일반에게 공개 매각하는 것을 말한다. 대금은 최고 5년까지 나눠서 납부할 수 있다. 이 방법은 주택을 싼 가격에 매입할 수 있는 장점이 있으나 주택에 대한 권리관계가 복잡할 수 있어서 기본적으로 등기부등본을 세밀히 검토해야 하며, 관련 지식을 숙지하고 있어야 한다.

|주택 관련 세금

주택은 구매할 때, 보유하고 있을 때, 그리고 처분할 때 각기 다른 성격의 세금이 부과된다. 우리나라의 주택 관련 세금은 매우 다양하고 복잡하며, 주택시장이 과열되거나 침체하면 주택시장 안정을 위하여 세제와 세율 등이 빠르게 변하는 특성을 보인다.

주택 구매 관련

주택 구매 시 내는 세금으로는 취득세, 등록세, 교육세, 농어촌 특별세 등이 있다. 취득세는 토지, 건축물 등의 부동산이나 차량, 회원권 등을 취득할 때 내는 세금으로 실거래 가격을 기준으로 산정한다. 보통 취득가액의 2% 수준이나 별장·골프장·고급 주택·고급오락장·법인의 비업무용 토지 등은 15%로 매우 높다. 등록세는 부동산이나 자동차 등의 소유권이나 기타 권리를 취득·이전·변경·소멸하는 경우에 내야 하는 세금이다. 보통 등록세율은 취득가액의 3% 수준이다. 교육세는 등록할 때 등록세의 20%에 해당하는 교육세를 추가로 납부해야 한다. 그밖에 취득세의 10%의 농어촌 특별세가 있다. 이러한 세율은 정책적인 요인에 의해 쉽게 변경될 수 있다. 아래 표는 취득세율 2%, 등록세율 3%라면 취득가 5억 원인 주택을 구매했을 경우 취득세, 등록세, 교육세, 농어촌 특별세 등 총 2,900만 원이라는 적지 않은 세금을 계산한 예시이다.

주택 구매 시의 세금 (취득가 5억원인 경우)

세금	금액	비고
취득세	1,000만 원	취득가의 2%, 취득 후 30일 이내에 납부
등록세	1,500만 원	취득가의 3%, 등기 시 납부
교육세	300만 원	등록세의 20%
농어촌 특별세	100만 원	취득세의 10%
세금 총액	2,900만 원	

주) 부동산 관련 세율은 정부 정책에 의해 수시로 변동됨

주택 보유 관련

주택을 보유하고 있을 때 내야 하는 세금으로는 주택에 대한 주택세, 상가 등 일반건물이나 토지에 대한 재산세 등이 있다. 주택세는 주택의 건물과 토지분에 대한 세금이고, 재산세란 토지, 건축물, 주택, 선박 또는 항공기를 소유하고 있는 사람이라면 납부해야 하는 세금이다. 2005년부터 주택 보유에 대한 과세 기준을 국세청의 양도소득세 기준인 기준시가로 변경하여 적용하고 있다. 만일 세대별 부동산 가치가 일정 기준보다 크면 그 초과분에 대해서는 종합부동산세가 적용된다. 예컨대 2010년 12월 현재 세대별 주택 합계액이 9억 원(1세대 1주택자의 경우

12억 원)을 초과할 때 그 초과분과, 토지의 경우 5억 원을 초과할 때 그 초과분은 종합부동산세 대상이 되고 있다. 물론 종합부동산세 기준 금액도 경제 상황에 따라 수시로 변할 수 있다.

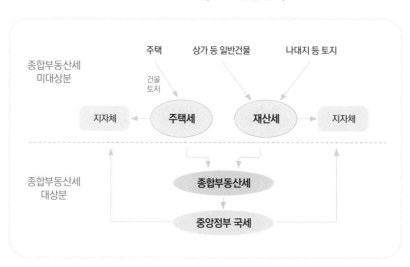

주택 보유 시 세금(2024년 말 현재)

주택 처분 관련

주택을 처분할 때 내는 양도소득세가 있다. 양도소득세는 토지·건물 등 부동산에 관한 권리, 비상장주식 및 출자분, 기타 자산을 양도할 때 발생하는 소득에 대한 세금이다. 양도소득세 계산하는 방식에는 기타의 필요경비도 있다. 만일 아파트를 구매하여 입주하기 전 수리했을 경우 그 수리 비용도 경비에 들어간다. 따라서 수리할 때마다 그 영수증을 잘 보관하고 있어야 나중에 경비로 인정받을 수 있다.

예외적으로 양도소득세가 비과세되는 경우가 있다. 상황에 따라 달라질 수 있긴 하지만, 일반적으로 1가구 1주택을 2년 이상 보유한 때도 조건이 충족하면 비과세 된다. 또한 가구주 전원이 국외로 이주하는 경우, 무주택자나 1가구 1주택자가 상속받을 경우, 1가구 1주택 가구가 새로운 주택을 매입해서 2주택이 된 경우에 종전 주택을 1년 이내에 팔 때 등의 불가피한 이유가 있을 때도 비과세될 수 있다.

+ 양도세 계산 공식

- 양도차익=양도가액-취득가액-기타 필요경비
- 과세표준=양도차익-장기보유특별공제-양도소득 기본공제
- 산출세액=과세표준×양도소득세율
- 결정세액=산출세액…(세액공제, 세액감면)+가산세

전세 계약 시의 유의점

전세제도는 우리나라에만 존재하는 대표적인 비제도권 주택금융으로 매우 독특한 주택 임대차 제도다. 6·25전쟁 이후 산업화 과정에서 도시의 주택난이 심화하며 전세제도가 완전히 자리 잡았다. 지금과 같은 주택금융시장이 활성화되지 못해 주택을 담보로 하는 사금융기법의 하나로 전세제도가 성행했다. 외환위기 이후 순수 전세시장 비중이 빠르게 축소되고 보증부 월세시장이 급격히 늘어나면서 전세와 월세가 혼합되는 반전세 형태가 가장 큰 비중을 차지하게 되었다. 사회에 막 진입했거나 아직 주택 구매의 여건이 마련되지 않은 상황이라면 대부분 전세로 살게 된다. 따라서 전세 계약 시에는 다음과 같은 점에 유의해야 한다.

첫째, 하자(瑕疵)가 없는 물권인지에 대한 권리분석이 필요하다. 자신이 거주할 주택을 선택할 때는 직접 현장 방문을 통해 상습적인 침수지역의 여부, 교통 여건 및 일조권 등을 포함한 주거환경의 양호성 여부, 학교 위치와 학군 등 교육환경 및 상권 형성 상태 등 서류상으로 확인할 수 없는 사항을 살펴보아야 한다. 등기부등본에 가압류·근저당권·저당권 등이 있는지 계약 직전이나 중도금을 치를 때, 혹은 잔금 치를 때, 전입신고 직전에 꼭 한 번씩 확인해야 한다.

둘째, 계약서 작성은 부동산 중개사무소를 통해 꼼꼼하게 작성해야 한다. 계약서는 보증금을 지켜주는 중요한 문서로서 작성할 때는 직접하기보다는 공인중개사를 통해 계약자와 신중하고 철저하게 해야 한다. 만일 주소가 틀리게 기재했을 경우 전입신고, 확정일자를 점유하고 있더라도 대항력 및 우선 변제권을 잃을 수 있으므로 번지 및 동·호수를 정확하게 기재해야 한다. 분쟁의 소지를 미리 방지하기 위하여 집주인과 합의된 도배·바닥 장판 문제 및 각종 공과금·관리비 문제 등에 대한 특약사항도 꼭 계약서에 기재하는 것이 좋다.

셋째, 전세 계약을 했다면 보증금을 보장받기 위해 동사무소에 가서 전입신고와 함께 확정일자 날인을 받아야 한다. 주택 임대차 보호를 받기 위해서는 두 가지 요건을 모두 충족해야 우선 변제권을 행사할 수 있다. 확정일자란, 통상 임대차계약을 체결한 그 날짜의 현재에 그 문서가 존재한다는 사실을 증명하기 위하여 임대계약서의 여백에 기부번호를 부여하고 확정일자 날인을 찍어주는 것을 말한다. 즉, 증서에 대하여 그 작성한 일자에 관한 완전한 증거가 됨을 법률상으로 인정하는 것을 말한다.

넷째, 집주인이 전세금 반환을 미룰 때 임차권 등기명령제도를 활용할 필요가 있다. 임차권등기명령이란 임대차 종료 후 보증금을 반환받지 못한 임차인에게 단독으로 임차권등기를 마칠 수 있도록 함으로써 자유롭게 주거를 이전할 기회를 보장하는 제도이다. 임차권등기를 하려면 확정일자가 날인된 임대차계약서와 주민등록등본, 거주 사실 확인서 등을 준비해야 한다. 임차 주택에 임차권등기가 완료된 후부터는 주택의 점유와 주민 등록의 요건을 갖추지 않더라도 임차인은 안심하고 자유롭게 주민 등록을 이전할 수 있다.

마지막으로 계약을 종료하려면 전세 계약 만료 한 달 전에 통보해야 한다. 만료 한 달 전에 계약종료 의사를 통보하지 않으면, 집주인이 얘기하기 전까지 묵시의 갱신이 적용되기 때문에 계약을 연장한다는 것으로 보고 있다.

15장
장기 생활 설계

　자신이 65세 되었을 때 어떤 모습으로 있을지 생각해 본 적이 있는가? 세계에서 가장 부유하다는 미국도 65세 이상 성인 가운데 95%가 각종 연금소득이 연간 일정 이하의 빈곤한 삶을 살고 있는 것으로 나타났다. 나머지 4%는 생활을 자체로 해결하고, 겨우 1% 정도가 전직 운동선수, 연예인, 전문직 종사자인 부유층이라고 한다. 사회보장제도가 충분치 않은 우리나라의 노인빈곤율은 OECD 국가 중에서 가장 높다. 20~30대에 과소비하여 저축이 없고 주택을 마련하지 못하거나, 40대에 자식 교육에 집중하여 노후 대비에 소홀하거나, 50대에 무모한 투자로 재산을 모두 날리면 60대 이후 편안한 노후 생활을 즐길 수 없다. 늦은 나이에도 불구하고 어쩔 수 없이 무리하게 일해야만 생계를 이어갈 수 있는 상황에 빠지지 않도록 자기의 장기 생활의 계획을 철저히 세워야 할 것이다.

|심각한 노후 소득 보장 문제

　의학이 빠르게 발달하면서 개인의 평균수명이 꾸준히 높아지면서 다양한 환경의 변화로 노후 소득 보장 문제도 함께 심각하게 대두되고 있다.

짧아진 소득 창출 기간

　청년취업난 등으로 소득 창출 시점이 늦어지고, 비자발적인 조기퇴직 등으로 소득 창출 마감 시점이 짧아지면서 소득 발생 기간이 과거보다 크게 줄어들었다. 사회적으로도 프리터(freeter: free+arbeiter)족이 증가하고, 그야말로 무위도식에 가까운 생활을 하는 니트(NEET: not-in-education, employment and training)족이 많아지고 있다. 하지만 요즘 정년퇴직이라고 하면, 대체로 사회적 흐름과 분위기로 판단해 본다면 55세 전후가 고작이다. 과거 경제성장률이 높던 시절에 웬만하면 환갑까지 일할 수 있었던 시절과는 완전히 다르다. 2022년 현재 통계청 조사에 의하면 우리나라 기업의 법적 평균 정년은 56.8세이나 실제로 직장을 그만둔 나이는 그보다 훨씬 전으로 조사된 바 있다. 구조조정에 따른 인력 효율화의 차원에서 비자발적인 조기퇴직이 일반화되기 때문이다. 소득 창출 기간을 늘리기 위해 임금피크(peak)제 도입 등 정년 연장에 대한 사회적 공감대가 이루어지고는 있으나 이른 시일 안에 실질적인 효과가 나타나기는 어려울 것으로 판단된다.

은퇴 후 다른 노후 소득을 창출하기도 쉽지 않다. 우리나라의 경우 전통적으로 노인의 소득 중 자녀 지원 등 사적 이전에 의한 소득이 가장 높은 것으로 조사된다. 그러나 전통적 가족 부양 체제 붕괴, 소득 발생 기간 축소 및 노인 취업의 어려움 등 사회구조가 크게 변화되면서 자녀 지원 등과 같은 사적 이전에 의한 노후 소득 보장은 매우 불투명해졌다. 부부, 부부와 미혼자녀, 편부 혹은 편모와 미혼자녀로 이루어진 핵가족의 구성비가 매년 빠르게 증가하고 있다. 또한 효에 대한 인식 변화, 개인주의 확산, 기혼 여성의 경제 활동 증가 등으로 인해 전통적인 가족 부양 체제의 노인 부양 역할이 크게 약화하고 있다. 그렇다고 국가가 개인의 노후를 보장하는 것도 아니다.

노인의 이상적인 노후 생활비 마련 방법

(단위: %)

	본인 스스로	자녀	사회보장제도	본인과 자녀	본인과 사회보장제도	기타
2014	31.9	7.9	18.6	6.9	34.3	0.5
2017	34.0	7.6	14.1	10.2	33.7	0.4
2020	40.6	4.7	22.3	5.3	27.0	0.0
2023	45.0	2.6	23.5	3.9	25.1	0.0

출처: 통계청, 보건복지부 노인실태조사

미흡한 연금 시스템

연금이란 노령사회를 대비해 근무 기간 종료 등의 이유로 퇴직한 사람에게 주어지는 일련의 정기적인 금전 지급이다. 다른 금융자산을 마련하지 못한 사람들의 경우 그들이 기댈 수 있는 노후 보장제도는 연금밖에 없는 게 현실이다. 보통 3층 구조로 되어 있는 연금 시스템은 우리나라의 경우 사회보장의 성격으로 국민의 기본적인 생활을 보장하는 1층에 국민연금이 자리 잡고 있다. 보통 직장에 다니면 자동으로 국민연금에 가입된다. 법적 제도를 정해 회사에 다니지 않고 개인 사업을 하는 사람 등도 노후 생활 보장의 개념으로 연금에 가입할 수 있게 되었다. 2층에는 표준적 생활을 보장할 수 있는 기업 퇴직금 또는 퇴직연금 등이 있으며, 연금의 최상층인 3층에는 개인이 여유 있는 생활을 보장하기 위해 개인이 스스로 대비하는 개인연금이 놓인다. 물론 공무원, 교직원, 군인 등은 공무원연금, 사학연금, 군인연금 등 따로 자기들의 연금 체계를 가지고 있다.

한국의 연금 시스템

3층	사적 연금	(개인연금) • 보험사(생명·손해), 은행, 투신사	
2층		(퇴직연금) • 퇴직금이 퇴직연금 제도로 전환 – 2011년 이후 전 사업장으로 확산 도입	특수직역 연금 • 공무원연금 • 사학연금 • 군인연금 등
1층	공적 연금	(국민연금) 18세 이상 60세 미만에서 확장 추세 • (사업장) 전 사업장 • (지역) 사업장 가입 이외 • (임의) 사업장·지역 가입자 이외 등	

우리나라는 선진국과 같은 공적 연금 시스템에 의한 노후 소득 보장 기능이 절대적으로 미흡하다. 노령자의 인간적인 노후 생활 보장을 위한 사회복지 제도는 국민연금으로 한정될 만큼 공적 사회복지 여력이 부족하다. 고령화로 국민연금 보험료는 인상되는 반면, 보험료 부담 인구는 상대적으로 감소하고 있어 연금액은 단계적으로 축소되고, 연금 지급 개시 나이는 늦어질 것으로 예상된다. 공적 연금이라도 획기적인 개혁이 이루어져야 할 텐데 그렇지도 못한 실정이다. 급속한 고령화와 저출산이 연금에 악영향을 미치고, 연금을 내야 할 사람은 적은데 받을 사람은 많은 기형적인 구조가 나타날 것은 불 보듯 뻔하다.

　단기적으로 사회복지 정책을 위한 예산확보 전망 또한 매우 어두운 실정이다. 그렇다고 사적연금의 기능도 충분하지 않고, 새로이 도입한 퇴직연금 제도도 초기 수준의 단계이다. 민간 금융기관이 판매하는 개인연금도 일부 부유층을 제외하고는 호응이 낮다. 저금리가 지속되면서 저축성 개인연금의 배당률이 급격히 낮아지면서 대중들로부터 여전히 외면받는 상황이다. 따라서 미흡한 연금 시스템 등을 고려할 때 우리의 노후 소득 보장 문제는 실로 심각한 문제일 수밖에 없다.

퇴직금 vs 퇴직연금

우리나라에서는 1953년 5인 이상 일반 근로자가 근무하는 곳에 퇴직금 제도라는 게 생겼다. 하지만 당시 퇴직금 제도는 현실적으로 퇴직자가 퇴직금을 일시금으로 받는 것도 문제지만 그동안 잦은 이직과 조기퇴직, 중간정산제 도입 등으로 노후 소득 보장 제도로 서는 유명무실하였다. 이에 2005년 12월 정부는 미국의 기업연금과 같은 퇴직연금제도를 도입하였다. 각 회사는 노사 합의에 따라 확정급여형퇴직연금(DB)과 확정기여형퇴직연금(DC) 중 택일할 수 있다. 확정급여형(DB)은 근로자가 받을 연금액이 사전에 확정되며 적립금 일부는 사외에, 일부는 사내에 적립되어 운용되며, 확정기여형(DC)은 근로자가 받을 퇴직급여가 적립금 운용 실적에 따라 변동되는 것으로 근로자 개인별 계좌의 적립금을 근로자가 직접 운용하게 되므로 운용수익에 따라 연금 급여액이 달라질 수 있다.

퇴직금제도와 퇴직연금제도 비교

	퇴직금제도	퇴직연금제도
지급 형태	일시금	일시금 또는 연금
적립방식	사내 적립	사외 적립
퇴직급여 보장	불안정	안정적, 전액 보장 (단, 운용 손실은 개인에게 있음)
이직 시 승계	불가능	쉬움
세제 혜택(근로자)	일시금 퇴직소득 과세	연금 수령 때까지 유예

|장기 생활 설계의 필요성

노후 소득 보장을 위해서 젊었을 때부터 장기적인 생활 설계가 필요하다. 장기 생활 설계는 우리 가정의 생활을 윤택하게 하고 장래를 대비하기 위한 계획으로, 한정된 수입을 현재의 생활(소비)과 장래의 생활(저축)에 어떻게 배분할 것인지를 검토해 보는 것이다. 장기적인 계획에 따라 짜임새 있게 지출하고 저축하는 사람들은 그렇지 못한 사람에 비해 생활에 있어 한결 여유와 안정감을 가질 수 있다. 만일 장기 설계 계획을 세우지 못했을 경우 미래에 자신이 어떤 모습으로 있을지 한번 생각해 보면 장기적인 생활 설계가 얼마나 중요한지를 알 수 있다.

라이프 사이클의 재무적 사건

장기 생활의 설계를 위해 먼저 개인들은 평생 언제, 어떤 목적으로, 어느 정도의 돈을 쓰기 위해서 현재 얼마를 저축할 것인지에 대한 구체적인 계획을 세워야 한다. 계획 없이 충동적인 소비를 하는 등 씀씀이가 헤프면 생활 안정이 어렵고 예상 밖의 큰 지출이 생길 때 당황하게 되며, 대책 없이 빚만 늘어난다. 그렇다고 장래를 대비한다고 남은 돈을 맹목적으로 저축한다든지 매달 무조건 얼마씩 저축하는 것만으로는 충분하지 않을 뿐만 아니라 현명한 대응이 아니다.

우리의 생애주기에는 여러 가지 주요한 재무적 사건이 있다. 대부분 사람은 성년이 되면 배우자를 만나 가정을 이루게 되며 자녀를 낳아 교육하고 자녀가 성장한 뒤 결혼을 시키고 나면 노년의 생활을 맞게 되는 통상의 과정에서 몇 차례 상당한 목돈이 든다. 가장을 중심으로 한 개인의 라이프 사이클을 그려보면 대략 본인의 결혼, 주택 마련, 자녀의 교육과 결혼, 노후 대비 등을 들 수 있다. 이중 자녀 결혼 비용은 자녀들이 학업을 마친 후 일정한 직업을 갖고 그들 자신이 준비하도록 하는 것이 바람직하다. 하지만 아직은 부모들에게 많은 부담을 주고 있음은 부인할 수 없는 현실이다. 그뿐만 아니라 살아가면서 화재, 천재지변 등으로 뜻하지 않게 재산을 잃을 수도 있고, 가족 중 누군가가 질병이나 사고를 당해 일시에 목돈이 드는 처지가 될 때를 대비해야 한다. 보험에 가입해 두거나 예비 자금을 저축해 둔다면 더욱 안정된 생활을 추구할 수 있다.

개인 라이프 사이클의 주요 재무적 사건

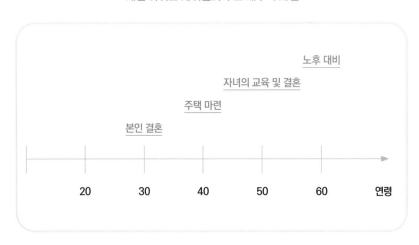

장기 생활 설계 방법

장기 생활의 설계는 먼저 가장이 단독으로 결정하기보다는 가족 전체의 합의로 결정하는 것이 바람직하다. 즉 가족 전체가 모여 구체적인 주택 마련, 해외여행 등 생활 목표를 정하고 이를 달성하기 위한 수단과 방법에 대해 논의하여야 한다. 예를 들면 몇 년 뒤 어느 정도 규모의 집을 구매하겠다는 목표를 정하면 이를 위한 자금 마련은 어떤 방식으로 할 것인지, 또는 해외여행을 하고 싶으면 필요한 자금을 어떤 방식으로 저축해 나갈 것인지 하는 것 등이다.

나이별 노후 대비 목표와 실행

	목표	실행 방법
20대	취직과 종잣돈 마련	• 보험 가입과 청약통장 가입 • 50%의 저축
30대	결혼과 내 집 마련	• 장기주택마련저축 가입 및 모기지론 이용 • 주식형 등 적립식펀드 등 투자
40대	자녀 교육과 노후 준비	• 자녀 교육자금 비중 확대 • 주택 확대 • 개인연금 가입
50대	퇴직과 제2 직업	• 안정성과 수익성을 겸비한 퇴직금 운용 • 제2 일자리 준비
60대 이후	은퇴 및 노후 생활	• 연금저축, 역모기지(주택연금) 등 활용 • 봉사활동

둘째, 일단 생활 목표를 세운 다음에는 가정을 둘러싼 생활환경을 살펴봄과 동시에 자기 가정이 처한 실태를 정확히 조사해 볼 필요가 있다. 생활 실태조사 결과를 토대로 생활 설계의 기본계획이 만들어지게 되면 이를 실현하기 위한 몇 개의 계획을 준비한 후 그중에서 가장 합리적이고 실현 가능성이 높은 방안을 채택한 다음 이를 근거로 더 상세한 계획을 세워야 한다.

셋째, 이렇게 세워진 장기 생활계획은 1년, 3년, 5년 등 각 가정의 형편에 맞추어 실행해 보고, 만일 잘 추진되지 않으면 어떻게 개선할 것인지 검토해 보고 고쳐야 할 부분은 계속 고쳐야 한다. 아무리 완벽히 해 세운 계획이라도 사회적, 경제적 여건이 변하게 되면 처음 계획대로 진행되기가 어렵기 때문에 장기 생활계획의 성공적인 목표 달성을 위해서는 매월, 매년 정기적으로 계획의 이행 상황 등을 점검해 보는 것이 필요하다.

넷째, 장기 생활계획의 목표와 진행 상황을 검토한 결과 상당한 차이가 생길 때는 그 원인을 분석해 보고 계획 자체는 물론, 실천 방안도 변화된 여건에 맞추어 수정·보완할 필요가 있다. 또한 장기 생활계획을 목표한 대로 실천하여 풍요로운 노후 생활을 맞이하기 위해서는 생활계획에 대한 주기적인 검토뿐만 아니라 매일 매일의 가정생활을 반성해 보고 낭비 없이 가계를 꾸려나가는 것이 무엇보다도 중요하다.

다섯째, 가정경제를 규모 있게 꾸려나가는 수단으로는 가계부를 기록

하는 것이 바람직하다. 일정 기간의 수입과 지출 규모를 계획하고, 매일 매일의 수입·지출 내용을 기록하여 다음에 결산을 해봄으로써 계획적인 가계 운영을 수행할 수 있다. 최근에는 가계부 작성 전산프로그램도 많이 보급되어 있으므로 컴퓨터를 이용하여 가계부를 더 편리하게 기록하고 보존할 수 있다.

|장기 생활 준비

장기 생활 설계를 세운 뒤에는 이를 위한 실천하는 것이 중요하다. 소득을 높여 가능한 저축이나 투자를 통해 자산을 불려야 하며, 보험을 들어 자신에게 처한 위험을 최소화해야 하며 뿐만 아니라 다음과 같은 전략도 적극적으로 실천할 필요가 있다.

개인연금 가입

소득 발생을 계기로 국민연금, 퇴직연금 외에 개인연금도 적극 가입하여 자신의 노후 대비를 일찍 스스로 준비하여야 한다. 공적 연금의 역할이 의문시되는 국내 현실에서 개인연금의 가입은 절실하다. 민간 금융기관에서 취급하는 개인연금 상품 판매는 점차 증가하고는 있으나 아직 실질적인 노후 생활 대비 수단의 역할이 크게 떨어진다. 그러나 앞으로 소득공제 확대뿐만 아니라 개인연금의 증식을 지원하기 위해 각종 소득에 대한 과세를 인하하는 등 적극적인 세제 혜택이 강구되고 있으므로 개인연금 시스템이 정착될 수 있을 것으로 기대된다. 현재 국내 개인연금은 은행, 보험사 등에서 판매하고 있으며, 각기 조금씩 다른 특징이 있다.

'주택연금' 활용

노후 생활을 위에 주택연금의 활용을 생각해 볼 수도 있다. 이는 주택을 소유하고 있으나 특별한 소득원이 없는 고령자에게 주택을 담보로 사망 시 또는 주택 이전 시까지 노후 생활에 필요한 자금을 연금으로 지급하는 제도이다. 노후 소득 보장을 위한 대안이 부족한 상황에서 지난 2007년 한국주택금융공사에서 '주택연금'이라는 이름으로 도입된 역모기지 제도가 수도권 지역 위주로 빠르게 성장하고 있다.

이 제도는 만 55세 이상 고령자들에게 종신 지급을 원칙으로 하며 이용자가 사망할 때까지 담보로 맡긴 집에서 거주할 수 있다. 주택연금 제도는 중산층과 저소득층을 지원하기 위한 제도로 2024년말 현재 시가 12억 원 이상의 고가 주택은 주택연금 대상에서 제외된다. 이제 내 집을 장만할 때, 항상 '주택연금'도 같이 생각해 둘 필요가 있다. 모든 주택이 다 주택연금 대상이 되는 것은 아니기 때문이다. 특히 주택시장의 양극화 현상이 점차 심화하는 것을 고려하면 일부 사람들의 선호도가 떨어지는 주택은 '주택연금'을 이용하기 어려워질 수 있다.

모기지 VS 역모기지

모기지는 젊었을 때 주택을 마련하기 위해서 주택을 담보로 장기대출을 받는 것이지만, 역모기지란 늙어서 노후 생활을 위해 자신의 주택을 이용하여 생활비를 마련할 수 있도록 하는 제도이다.

	모기지(mortgage)	역모기지(reverse mortgage)
목적	주택 구매	노후생활(생활비, 주택 수리비 등)
주 이용자	20~30대의 소득자	60대 이후의 노후 생활자
대출	계약 시 일시에 발생	사망 시까지 매월 발생
대출 기간	대출 기간 확정	사망(주택 이전시) 대출 종료
상환	원리금 분할 상환	주택 처분 후 원리금 일괄 상환
대출금	대출금 감소	대출금 증가

건강한 계획 생활

우리는 건강하고 계획적인 생활을 영위할 필요가 있다. 이를 위해서는 항상 자신의 재무구조를 개선하고, 투기적인 재테크를 삼가고, 계획에 의한 안정성과 수익성을 겸비한 투자 생활을 해야 한다. 불필요한 자산을 보유하거나, 무리하게 가계대출에 의존하여 주택을 구매하는 일은 자제해야 한다. 또한 남을 의식하여 무리하게 부채를 얻어 자신의 형편을 넘어선 생활을 하거나 자녀 교육을 위한 과도한 사교육비 지출 등도 다시 생각해 볼 필요가 있다. 그리고 안정적인 노후 생활 영위에 보탬이 되도록 자기 능력과 취향에 맞는 새로운 일자리 분야 개발에 노력하여야 한다. 건강을 유지하면서 다소 자유스럽게 일을 하고 퇴직하기 전 소득의 50~60% 정도를 목표로 자신의 시간도 즐기고 건강도 유지할 수 있는 일자리를 자발적으로 개척해야 한다. 이러한 생활은 젊었을 때부터 몸에 익혀야 노후가 되어도 안정적인 생활을 지속할 수 있을 것이다.

소비의 양극화와 분수 지키기

소비의 양극화란 특정 소비자 집단, 주로 소득계층 간의 소비 수준이 극명하게 대조되는 현상을 말한다. 소득수준이 높은 계층일수록 고급 사치재나 외제품의 소비가 커지고, 상대적으로 저가 생필품 소비를 주로 하는 저소득 계층에 비해 높은 소비 수준을 유지하게 되면서 나타나는 소비의 '부익부 빈익빈' 현상을 말한다. 이러한 현상은 1990년대 디지털 혁명에 힘입어 소위 '신경제'라고 불리는 장기 호황을 누린 미국에서 빈부 차가 커지면서 뚜렷하게 나타나기 시작했다. 이후 미국의 소비시장은 고소득층을 겨냥한 고급 제품과 저소득층을 위한 저가 제품의 시장이 철저히 분리되어 작동하고 있다.

우리나라도 점점 임금 격차 확대, 부동산과 주식 등의 자산 가격 급등, 기업 스톡옵션 등으로 계층 간 소득불균형이 확대되는 일련의 과정에 소비양극화 현상이 빠르게 진행되고 있다. 경기 불황에도 소형승용차보다 중·대형 고급 승용차 및 외제 차의 판매가 급증하고, 골프 용구, 위스키, 고급 의류 등의 소위 수입 명품의 소비가 급증하고 있다. 최근에 와서 국내에서의 수입 명품 소비에 양이 차지 않은 부유층들은 직접 해외로 나가 골프투어, 관광여행, 명품 구매 등을 즐기고 있다.

이러한 현상은 하나의 사회적 추세일 수 있지만 국가 차원에서뿐만 아니라 개인에게도 심각한 문제로 다가올 수 있다. 국가 차원에서 국내 산업의 균형발전을 저해할 수가 있다. 즉 소비의 양극화가 심화할수록 고급품, 사치품, 외제품 등의 사업은 제조와 유통의 측면에서 불경기 속에서도 호황을 누리지만, 그렇지 못한 사업은 여전히 경기침체로 인한 소비 저하의 문제로 고전하게 된다. 개인 차원에서도 소비양극화가 심화하면 소비 행태 자체가 변화하고 자칫 과소비가 조장될 수 있다. 단순히 남들과 비교하여 뒤처지지 않기 위해서 명품 소비를 한다면 지금이라도 심각하게 반성해 볼 필요가 있다. 진정한 부자는 절대 과소비하지 않는다는 것을 명심하면서, 먼 훗날 나도 부자 대열에 들기 위해 젊었을 때부터 건전한 소비생활을 몸에 익힐 필요가 있다.

똑똑한
금융
생활